Windows 11 – 23H2
Herbst-Update 2023

Alles zum großen Funktions-Update

Wolfram Gieseke

Windows 11 – 23H2 Herbst-Update 2023

Alles zum großen Funktions-Update

Alle neuen Funktionen

KI-Copilot & Passkeys

Windows in der Cloud sichern

Versteckte Änderungen & Details

Die Deutsche Nationalbibliothek verzeichnet diese Publikation in der Deutschen Nationalbibliografie; detaillierte bibliografische Daten unter http://dnb.dnb.de

© 2024 Wolfram Gieseke

Herstellung und Verlag: BoD – Books on Demand, Norderstedt

ISBN: 978-3-758-330063

Vorwort

Alle Jahre wieder bringt Microsoft im Herbst ein großes Funktions-Update heraus, dieses Mal Version 23H2. Und es gibt wieder mal eine Menge zu entdecken. Denn neben schon erwartbaren Optimierungen bei Desktop, Startmenü und Taskleiste hält  mit diesem Update nun auch KI Einzug in Ihr Windows. Der Copilot kommuniziert mit Ihnen per Text oder Sprache, unterstützt Sie bei der Bedienung von Windows und macht die mächtigen Funktionen von ChatGPT unkompliziert nutzbar.

Aber auch beim Datei Explorer, beim einfachen Sichern von Daten, beim Taskmanager, in den Windows-Einstellungen und selbst bei Paint und Notepad gibt es Neues zu entdecken. Das Snipping-Tool beherrscht nun Texterkennung, mittels Passkeys können Sie sich mit Ihrem Windows-Zugang sicher und komfortabel bei Webdiensten anmelden usw.

Unter www.gieseke-buch.de finden Sie mein Blog mit Informationen und Ergänzungen zu meinen Büchern. Dort können Sie auch Anregungen und Fragen loswerden. Nun aber erst mal viel Vergnügen und spannenden Erkenntnisse beim Entdecken der neuen Funktionen von Windows 11 23H2.

Wolfram Gieseke

Inhaltsverzeichnis

Das Funktions-Update durchführen

Beim Funktions-Update 23H2 handelt es sich – zumindest auf absehbare Zeit – um ein optionales Update. Es wird also nicht automatisch eingespielt, sondern in den Windows-Einstellungen unter Windows Update lediglich zur Installation angeboten. Klicken Sie hier auf *Herunterladen und installieren*, wenn Sie das Funktions-Update einspielen möchten.

Stimmen Sie dann mit einem Klick auf *Akzeptieren und installieren* den Lizenzbedingungen für das Update zu. Anschließend wird das Funktions-Update im Hintergrund heruntergeladen und installiert. Sie können den PC währenddessen ganz normal weiter nutzen.

Windows Update

Es sind Updates verfügbar.
Letzte Überprüfung: Heute, 12:08

Alle installieren

Windows 11, version 23H2   Wird installiert – 74%

Wenn die Installation abgeschlossen ist, wird Windows sich automatisch melden und einen Neustart verlangen, der für das Einspielen des Funktions-Updates unumgänglich ist. Dieser Vorgang wird einige Minuten in Anspruch nehmen. Währenddessen wird der PC ggf. mehrere Male automatisch neu starten.

Windows Update

Neustart erforderlich (Schätzung: 4 Min.)
Ihr Gerät wird außerhalb der Nutzungszeit neu gestartet.

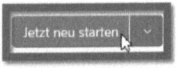

Windows 11, version 23H2   Neustart ausstehend

Nach erfolgreicher Installation erfolgt ein letzter Windows-Startvorgang, der etwas länger als gewohnt benötigt. Hierbei werden die abschließenden Änderungen vorgenommen. Danach präsentiert sich Windows in der Version des Funktions-Updates 23H2. Sie können diese mit dem Befehl *winver* im Suchfeld der Taskleiste leicht überprüfen.

23H2 wird nicht angeboten?

Wenn Ihr PC nicht von sich aus anbietet, das Funktions-Update einzuspielen, sollten Sie zunächst unter *Weitere Optionen* die Einstellung *Erhalten Sie neueste Updates, sobald sie verfügbar sind* einschalten.

Falls Ihr PC Ihnen auch dann kein 23H2-Update anbietet, ist das erstmal kein Grund zur Beunruhigung. Microsoft liefert solche Updates in Wellen aus, wodurch es nach und nach allen Anwendern zugänglich sein sollte. Außerdem werden Updates immer mal wieder für PCs mit bestimmten Hardware- oder Softwarekonfigurationen vorläufig blockiert. Dann liegt ein Problem für diese speziellen PCs vor, weshalb das Update (noch) nicht eingespielt werden sollte. In solchen Fällen ist es das Beste, etwas Geduld zu haben.

Alternativ können Sie das Update jederzeit unter *www.microsoft.com/software-download/windows11* manuell anstoßen bzw. ein passendes Installations-medium erstellen. Sollte Ihr PC nicht die offiziellen Hardware-Voraussetzungen für Windows 11 erfüllen, beachten Sie den nachfolgenden Abschnitt.

Upgrade scheitert an veralteten Treibern

Wenn Ihnen das Funktions-Update nicht angeboten wird, und Sie es deshalb wie vorangehend beschrieben selbst durchführen müssen, zeigt Ihnen der Setup-Assistent eventuell, *Worum Sie sich kümmern sollten*. Dadurch erfahren Sie ggf. auch, warum Ihnen das Update nicht angeboten wurde.

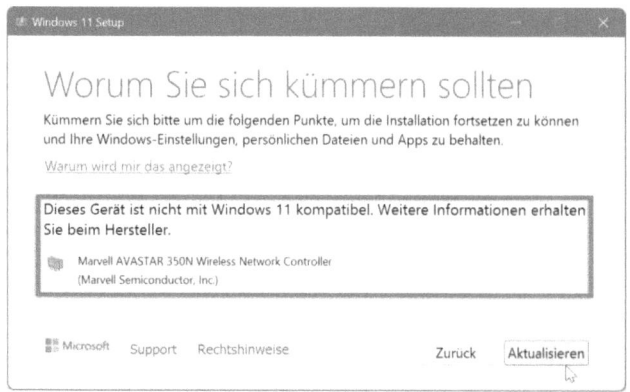

Eine häufige Ursache sind Hardware-Treiber, welche die Anforderungen der neuesten Windows-Version nicht mehr erfüllen. Das führt dann zu Problemen, wenn auch Windows-Update keine neueren Treiber für die Hardware beschaffen kann. Dann bleiben folgende Möglichkeiten:

▷ Informieren Sie sich beim Hersteller der Hardware, ob der eine neuere Treiberversion liefern kann oder vielleicht bereits entwickelt, welche zum neuesten Windows kompatibel ist.

▷ Deaktivieren Sie die Hardware im Geräte-Manager, bevor Sie die Upgrade-Installation durchführen. Dies geht leider nur bei peripheren Komponenten, die zum Betrieb des PCs nicht unerlässlich sind. Einen Versuch ist es allemal wert. Nach erfolgreichem Upgrade würde ich versuchen, die Komponenten wieder aktivieren.

▷ Manche Komponenten lassen sich vorübergehend oder ggf. dauerhaft durch Alternativen ersetzen.

Wenn beispielsweise der fest verbaute WLAN-Adapter Probleme macht, kann man ihn durch ein aktuelles externes Modell am USB-Anschluss ersetzen.

Windows 11 nur mit Tricks installiert?

Wenn Sie Windows 11 nur mit Registry-Tricks auf Ihrem PC installieren konnten, etwa weil der Prozessor offiziell nicht unterstützt wird oder weil nicht die passende TPM-Version aktiv ist, könnte es auch beim Funktions-Upgrade zu Problemen kommen. Sofern Ihnen das Update wie vorangehend beschrieben von Windows selbst angeboten wird, können Sie es bedenkenlos herunterladen und installieren. Wenn aber Windows das Update wegen der fehlenden Hardware-Voraussetzungen gar nicht erst anbietet, müssen Sie selbst aktiv werden.

1. Starten Sie den Registry-Editor und öffnen Sie darin den Schlüssel *HKEY_LOCAL_MACHINE/ SYSTEM/ Setup*.

2. Sofern dieser Schlüssel noch keinen Unterschlüssel namens *MoSetup* enthält, fügen Sie diesen mit *Bearbeiten/Neu/Schlüssel* hinzu.

3. Legen Sie dann im Schlüssel *MoSetup* rechts einen neuen DWORD-Wert (32-Bit) mit dem Namen *AllowUpgradesWithUnsupportedTPMOrCPU* an.

4. Öffnen Sie den neuen Eintrag und ändern Sie den Wert auf *1*.

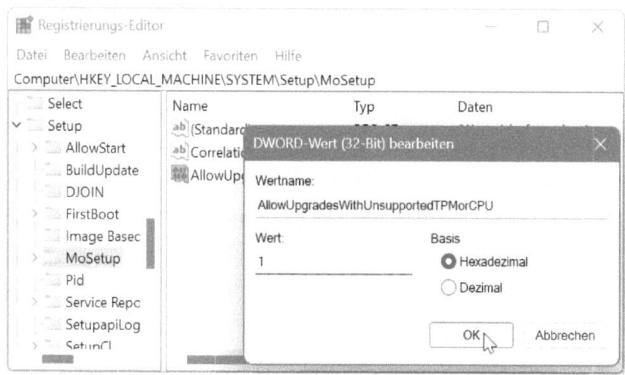

5. Laden Sie dann die aktuelle Windows-Version als ISO-Datei herunter (siehe vorangehender Abschnitt) und speichern Sie diese auf dem betroffenen PC.

6. Öffnen Sie die Datei anschließend. Sie wird dadurch als virtuelles Laufwerk im Datei Explorer eingehängt und geöffnet.

7. Starten Sie darin die Datei *setup.exe*.

8. Ab hier können Sie das Windows-Setup ganz regulär durchlaufen. Es führt ein Inplace-Upgrade auf die aktuelle Windows-Version durch. Die alte Windows-Version wird also durch die neue ersetzt, wobei alle Ihre Dateien, Einstellungen und installierte Anwendungen erhalten bleiben.

9. Falls der Setup-Assistent Sie auf nicht ausreichende Gerätevoraussetzungen hinweist, bestätigen Sie Warnung, um den Vorgang fortzusetzen.

Neue Funktionen kommen als „Momente"

Auch wenn es vorläufig bei einem großen Funktions-Update pro Jahr bleiben soll, will Microsoft über das Jahr verteilt immer wieder neuen Funktionen über den normalen Update-Mechanismus ausliefern. Microsoft spricht hierbei von „Momente".

Ein Beispiel für einen solchen Moment sind die Registerkarten im Datei Explorer. Die Funktionalität dafür ist bereits im 23H2-Funktions-Update enthalten. Allerdings wurden die Registerkarten nicht sofort mit dem Funktions-Update für alle aktiviert. Das erledigt etwas später ein kleines Moments-Update, das die Funktion nur noch freischaltet.

Was sich Microsoft von dieser Scheibchenweise-Strategie verspricht, kann man nur mutmaßen. Wenn es nach dem Erscheinen dieses Buchs weitere spannende neue Funktionen gibt, werde ich im meinem Blog unter *www.gieseke-buch.de* darüber berichten.

Copilot mit künstlicher Intelligenz

Künstliche Intelligenz (englisch Artificial Intelligence - AI) gehört schon länger zu den Modewörtern der IT-Branche und hat in den letzten Jahren tatsächlich große Schritt hin zu praktischen Nutzbarkeit im Alltag gemacht. ChatGPT etwa kann nicht nur Anweisungen in natürlicher Sprache verstehen und umsetzen, sondern als Antwort auf entsprechende Aufforderungen auch Texte in natürlicher Sprache zu praktisch beliebigen Themen erstellen. Auch beim Erstellen von Bildern, Musik und Videos hat die künstliche Intelligenz bereits Einzug gehalten.

Da kann auch Windows nicht außen vor bleiben. Microsoft hat sich schon vor einiger Zeit bei OpenAI, den Machern von ChatGPT, eingekauft und auf dieser Basis KI-Funktionen beispielsweise in seinen Bing-Suchdienst integriert. Nun soll ein mit künstlicher Intelligenz und vor allem Sprachverständnis ausgestatteter Copilot den Windows-Nutzern das Leben erleichtern. Microsofts Grundidee dabei war ursprünglich, dass Anwender sich nicht mehr merken müssen, wie und wo man bestimmte Funktionen finden, nutzen oder einstellen kann. Stattdessen teilt man dem Copiloten mit, was man tun möchte und der kümmert sich dann um die lästigen Details.

In der Praxis ist von diesen vollmundigen Ankündigungen in frühen Präsentationen bislang nicht viel übrig geblieben. Vorläufig ist der Copilot in erster Linie eine Integration der bekannten KI-Funktionen direkt in die Windows-Oberfläche – nicht mehr, aber auch nicht weniger.

Copilot in Europa nicht sofort verfügbar
Der Windows-Copilot ist in den Ländern der EU nicht von Anfang an verfügbar. Das hängt mit den vergleichsweise strengen Vorschriften der EU in Bezug auf Datenschutz und Wettbewerbsrecht. Microsoft muss die zugrundeliegende Software erst noch an diese Bestimmungen anpassen, bevor der Copilot offiziell verfügbar gemacht werden darf. Bis dahin kann man ihn mit einem kleinen Trick inoffiziell aktivieren und ausprobieren.

Copilot schon vorab testen

In Ländern außerhalb der EU kann man den Copilot jederzeit bequem mit einem Mausklick auf das Symbol in der Taskleiste aufrufen. Für Benutzer in der EU ist das derzeit noch nicht offiziell möglich (siehe Infokasten). Es gibt aber einen anderen Weg, den Copiloten zu starten, um ihn zu testen oder auch schon regelmäßig einzusetzen.

1. Drücken Sie das Tastenkombination **[Win] + [R]**, um den Ausführen-Dialog anzuzeigen.

2. Tippen Sie hier folgenden Befehl (in einer Zeile) ein:

```
microsoft-
edge://?ux=copilot&tcp=1&source=taskbar
```

3. Drücken Sie dann **[Eingabe]** bzw. klicken Sie auf *OK*, um den Befehl auszuführen.

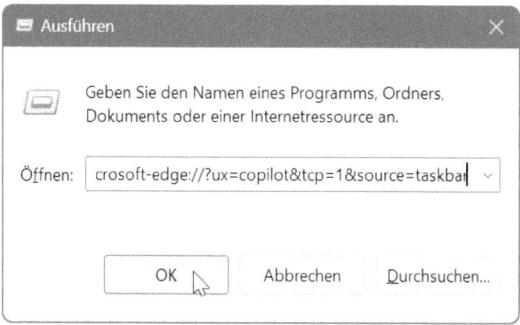

4. Daraufhin wird die Copilot-Leiste am rechten Bildschirmrand eingeblendet.

Copilot jederzeit schnell öffnen

Es ist sicherlich etwas umständlich, jedes Mal den gesamten Befehl für den Copiloten einzugeben. Deshalb ein kleiner Tipp: Erstellen Sie sich auf dem Desktop eine neue Verknüpfung und geben Sie als Ziel dafür `microsoft-edge://?ux=copilot&tcp=1&source=taskbar` an. Der Name kann beliebig gewählt werden, beispielsweise „Copilot". Über diese Verknüpfung können Sie den Assistenten nun jederzeit starten.

Den Copilot nutzen

Der Copilot präsentiert sich als Leiste am rechten Bildschirmrand.
Sie können diesen Bereich nur bei Bedarf einblenden und dann wieder schließen. Oder Sie lassen ihn dauerhaft eingeblendet.
Windows verkleinert andere Anwendungsfenster dann automatisch auf den verfügbaren Restplatz, selbst wenn Sie diese Fenster maximieren.

Wesentliches Element des Copiloten ist das Eingabefeld im unteren Bereich. Hier können Sie Ihre Anweisungen, Wünsche oder Fragen in ganz natürlicher Sprache eingeben. Sie können dabei vollständige Sätze verwenden oder auch die Eingaben auf das nötigste beschränken. „Wann wurde Johann

Wolfang von Goethe geboren?" ist aus der Sicht der KI dasselbe wie „Goethe Geburtstag".

Die aufwendigen Analysen der KI erfolgen nicht auf Ihrem PC, sondern werden von leistungsfähigen Servern in der Microsoft-Cloud ausgeführt. Geben Sie dem Copiloten also immer etwas Zeit, eine Antwort zu formulieren. Oft baut sich die Antwort zeilenweise auf dem Bildschirm auf oder ein scheinbar fertiger Text wird nach kurzer „Denkpause" noch um weitere Abschnitt oder Vorschläge ergänzt. Solange wird auch immer die Schaltfläche *Antwort abbrechen* angezeigt, mit der Sie den aktuellen Vorgang jederzeit unterbrechen können.

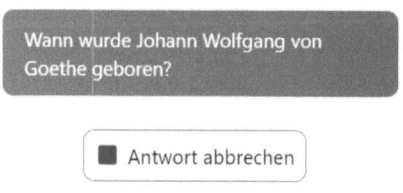

Wann immer der Copilot eine Antwort für Sie findet, wird er diese in einem zusammenhängenden Text formulieren. Soweit möglich ergänzt er Quellenangaben und Links zu weiteren Informationen und schlägt Ihnen weitere Fragen vor, die Sie ihm zum Thema stellen könnten.

Wann wurde Johann Wolfgang von Goethe geboren?

✓ Suchen nach: **Johann Wolfgang von Goethe Geburtsdatum**

✓ Antworten für Sie werden generiert...

Johann Wolfgang von Goethe wurde am **28. August 1749** in Frankfurt am Main geboren [1]. Das ist ein interessanter Fakt, denn er gilt als einer der bedeutendsten Schöpfer

Copilot-Seite zurücksetzen

Der sich nach und nach aufbauende Inhalt der Antworten kann auf Dauer verwirren und den Seitenbereich unübersichtlich erscheinen lassen. Ein einfaches Hilfsmittel ist das Aktualisieren-Symbol ganz oben in der Symbolleiste des Bereichs. Damit kehren Sie jederzeit zur Startansicht des Copiloten zurück.

Windows per Copilot steuern

Ein echter Copilot glänzt nicht nur mit Wissen, sondern unterstützt den Piloten auch nach Kräften.

Wenn der Pilot in dem Fall der Windows-Benutzer ist, was kann der Copilot für ihn tun? Er kann bestimmte Aufgaben „auf Zuruf" erledigen und dem Anwender zu umständliches Suchen und Klicken ersparen. Beispielsweise indem er bestimmte Anwendungen öffnet oder Funktionen ausführt. Hier einige Beispiele:

▷ Öffne den Webbrowser

▷ Wechsle in den Dunkelmodus

▷ Bitte nicht stören

▷ Mache ein Bildschirmfoto

▷ Schalte alles Stumm

Auch wenn der Assistent diese Befehle erkennt, erbittet er in den meisten Fällen noch eine zusätzliche Bestätigung, bevor die eigentliche Aktion ausgeführt wird.

Inhalte von Webseiten zusammenfassen

Im Zusammenhang mit dem Edge-Browser kann der Copilot seine Stärken bei der Textanalyse ausspielen und eine längeren Text, der gerade in einem Register des Browsers angezeigt wird, prägnant zusammenfassen.

Hier sind einige Dinge, die Copilot für Sie tun kann,

▤ Seite in Microsoft Edge zusammenfassen

Wenn Sie eine Webseite in Edge öffnen, während die Copilot-Leiste angezeigt wird, blendet diese automatisch eine Schaltfläche *Seite in Microsoft Edge zusammenfassen* ein. Klicken Sie diese an, damit der Copilot die im aktuell geöffneten Edge-Register angezeigt Webseite analysiert und Ihnen nach etwas Analysezeit eine Zusammenfassung der wesentlichen Inhalte präsentiert.

✓ Ihre aktive Microsoft Edge-Registerkarte wird durchsucht...

Hier ist eine kurze Zusammenfassung der Seite:

- **Salatschleudern im Test**: Der Artikel vergleicht vier verschiedene Modelle von Salatschleudern, die sich in Material, Preis, Funktion und Effizienz unterscheiden. Die Schleudern sollen den Salat sauber, trocken und knackig machen.

- **Antriebsprinzipien**: Die Schleudern haben entweder eine Kurbel, einen Seilzug oder eine Druckpumpe, um den Korb mit dem Salat zu drehen.

Mit dem Copiloten sprechen

Der Windows-Copilot versteht sich nicht nur auf geschriebenen Text, sondern auch auf das gesprochene Wort. Das bedeutet, dass er sowohl Spracheingaben versteht als auch das Vorlesen von Texten mit einer annähernd natürlichen Aussprache.

Wenn Ihr PC mit einem Mikrofon ausgestattet ist, können Sie mit Ihrem Copiloten somit auch komplett per Sprache kommunizieren (wobei die Texte zusätzlich auch auf dem Bildschirm angezeigt werden).

1. Um zu Ihrem Copiloten zu sprechen, klicken kurz Sie auf das Mikrofonsymbol im Eingabebereich.

2. Dann können Sie beginnen, Ihre Anweisung oder Frage in ganz natürlicher Sprache auszusprechen.

3. Wenn Sie mit dem Sprechen aufhören, erkennt der Assistent dies automatisch und beginnt damit, Ihre Eingabe zu analysieren und in einen Bildschirmtext umzuwandeln. Daran können Sie überprüfen, ob Sie korrekt erkannt wurden.

4. Anschließend beginnt die Analyse und Beantwortung der Aufforderung, genau als wenn Sie diese eingetippt hätten.

5. Wenn die Antwort des eintrifft, wird diese am Bildschirm angezeigt und zugleich auch per Sprachsynthese über den Lautsprecher Ihres PCs ausgegeben.

Startmenü, Desktop & Taskleiste

Der Desktop mit Startmenü und Taskleiste gehört zu den Windows-Elementen, mit den Anwender zwangsläufig mit am Meisten zu tun haben. Dementsprechend toben sich die Entwickler hier gerne aus und versuchen, an der Anwenderfreundlichkeit zu schrauben. Das klappt mal mehr, mal weniger gut – sorgt aber immer wieder für spannende Neuerungen.

Taskleistensymbol beschriften & gruppieren

Bei Windows 10 bestand die Möglichkeit, die Symbole in der Taskleiste mit Beschriftungen zu versehen. Gleichzeitig damit kann man auch das Gruppieren abschalten und so dafür sorgen, dass beispielsweise bei zwei parallel laufenden Instanzen des Datei Explorers auch zwei Symbol dafür in der Taskleiste angezeigt werden.

Das kostet zwar einigen Platz, ist aber für viele Anwender eine wertvolle Orientierungshilfe. Windows 11 machte mit dieser Möglichkeit Schluss, was bei nicht wenigen Nutzern für Frust sorgte. Microsoft hat den Protest anscheinend erhört und die Beschriftungen zurückgebracht. Wer möchte, kann sie in den nun wieder aktivieren.

1. Öffnen Sie in den Windows-Einstellungen den Bereich *Personalisierung/Taskleiste*.

2. Hier finden Sie ganz unten die Option *Taskleistenschaltfläche kombinieren und Beschriftungen* ausblenden. Standardmäßig ist diese auf *Immer* gestellt, so dass niemals Beschriftungen zu sehen sind.

3. Möchten Sie Beschriftungen sehen, wählen Sie stattdessen *Nie*.

4. Alternativ können Sie mit *Wenn die Taskleiste voll ist* eine Automatik wählen, die standardmäßig Beschriftungen anzeigt, diese aber entfernt, wenn viele Apps gleichzeitig geöffnet sind und dadurch nicht ausreichend Platz in der Taskleiste zur Verfügung steht.

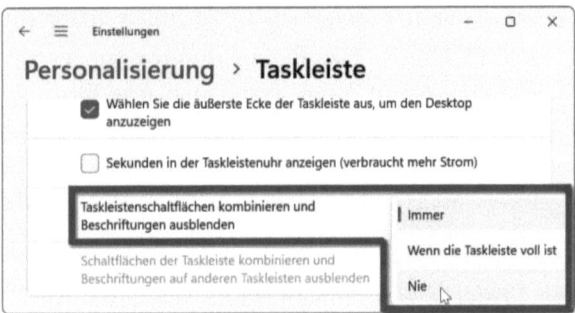

Sind Beschriftungen aktiviert, zeigt Windows für aktive Anwendungen zusätzlich zum Symbol auch eine Bezeichnung an. Das kann der Name der Anwendung sein oder aber beim Browser der Titel der geöffneten Webseite oder beim Datei Explorer der angezeigte Ordner.

Bislang werden nur aktive Anwendungen mit einer Beschriftung versehen. Bei geschlossenen Programmen wird weiterhin nur das Symbol angezeigt. Microsoft überlegt, Beschriftungen zukünftig optional für alle Symbole in der Taskleiste zu ermöglichen. Zum Zeitpunkt der Drucklegung ist dies allerdings noch nicht möglich.

Wenn Sie mehrere Instanzen einer Anwendung parallel verwenden wie beispielsweise zwei Datei Explorer-Fenster, die verschiedenen Ordner anzeigen, erhält nun jedes Fenster sein eigenen Symbol in der Taskleiste und kann so schneller angesteuert werden.

Warum zwei Einstellungen für dieselbe Sache?
Die vorangehend beschriebene Einstellung scheint es gleich zweimal ganz ähnlich zu geben. Eventuell ist die zweite bei Ihnen auch nur in grauer Farbe als nicht zugänglich erkennbar. Diese zweite Einstellung ist nur aktiv, wenn Sie mehr als einen Bildschirm nutzen. Dann können Sie damit festlegen, wie sich die Taskleisten der anderen Bildschirme verhalten sollen.

Prozesse aus der Taskleiste abbrechen

Wenn eine Anwendung hängt und sich auch nach einiger Wartezeit nicht von alleine beendet, muss der Anwender eingreifen. Nur so wird der Speicher freigegeben und das Programm kann anschließend ggf. neu gestartet werden. Bislang konnte das allerdings recht mühsam sein, da dies teilweise nur über einen Umweg in den Taskmanager möglich war. Nun bietet Windows die Möglichkeit, störrische Apps direkt aus der Taskleiste heraus abzubrechen, wenn sie sich nicht mehr im Guten beenden lassen.

„Task beenden" aktivieren

Wichtig dabei: Diese Funktion ist standardmäßig nicht aktiviert, sondern muss erst einmalig eingeschaltet werden, damit der Menüeintrag in der Taskleiste überhaupt angezeigt wird. Das geht so:

1. Öffnen Sie in den Windows-Einstellungen den Bereich *System/Für Entwickler*.

2. Lokalisieren Sie dort in der Liste der Einstellungen den Eintrag *Task beenden*.

3. Stellen Sie das Schaltersymbol ganz rechts auf *Ein*.

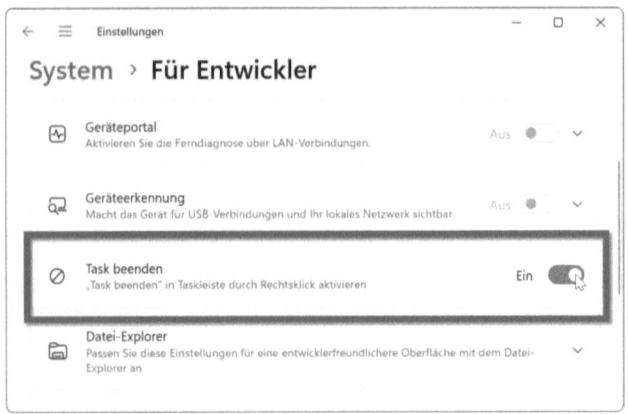

Abbruch bei störrischen Anwendungen erzwingen

Haben Sie wie vorangehend beschrieben diese Funktion einmalig aktiviert, können Sie jederzeit bei Bedarf störrische Anwendungen damit „abschießen". Klicken Sie dazu mit der rechten Maustaste auf das Symbol der laufenden Anwendung.

Im so geöffneten Kontextmenü finden Sie nun zusätzlich fast ganz unten den Eintrag *Task beenden*.

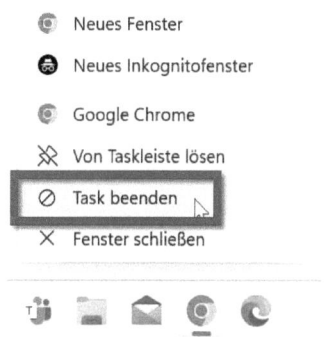

Windows bricht dann den zu dieser Anwendung gehörenden Prozess ab. Das kann ein paar Sekunden dauern. Während dessen wird das Symbol mit einem dezenten roten Blinken unterlegt.

Nicht alle Tasks lassen sich beenden
Task beenden ist nicht bei allen Arten von Anwendungen möglich und wird deshalb nicht immer im Kontextmenü angeboten. Dazu gehören einige windows-eigenen Programme wie insbesondere der Datei Explorer.

App-Lautstärke schnell regeln

Eine Funktion, die Windows schon seit ewigen Zeiten bietet: Man kann den Lautstärkepegel für die

Wiedergabe für jede App individuell regeln. So kann man bestimmte Apps lauter oder leiser als sonstige Wiedergaben machen, etwa wenn sie von sich aus überdurchschnittlich laut sind. Das ist an sich auch nicht neu, auch wenn mancher Anwender es vielleicht noch gar nicht kennt.

Neu ist, dass der Zugang zu dieser Funktion nun nicht mehr in den Tiefen der Einstellungen versteckt ist, sondern direkter und unkomplizierter aus der Taskleiste genutzt werden kann. Wichtig: Um die Wiedergabelautstärke einer App steuern zu können, muss diese aktiv etwas wiedergeben. Andernfalls wird sie nicht zur Auswahl angeboten. Also die fragliche Anwendung ggf. als erstes starten.

1. Klicken Sie im Infobereich rechts in der Taskleiste auf das kombinierte Netzwerk- und Audio-Symbol.

2. Klicken Sie im so geöffneten Dialog rechts neben dem Lautstärkeregler auf das Menü-Symbol. Die Schritte 1 und 2 können Sie auch durch das Tastenkürzel **[Strg]+[Win]+[V]** ersetzen.

3. Lokalisieren Sie wiederum in den so geöffneten Einstellungen ganz unten den Bereich *Lautstärkemixer*.

4. Hier finden Sie stets einen Lautstärkeregler für die Systemsounds von Windows.

5. Darunter wird für jede weitere Anwendung, die derzeit Klänge wiedergibt, ein weiterer separater Regler angezeigt. Am Symbol ganz links erkennen Sie die App. Wenn Sie den Mauszeiger über dem Symbol verharren lassen, wird außerdem der Name der Anwendung angezeigt.

6. Mit dem jeweiligen Regler steuern Sie die Wiedergabe nur dieser Anwendung in Bezug auf den insgesamt gewählten Lautstärkepegel. Wenn Sie den Regler in die Mitte stellen, werden Klänge dieser Anwendung also nur halb so laut wiedergegeben, wie Klänge des PCs insgesamt.

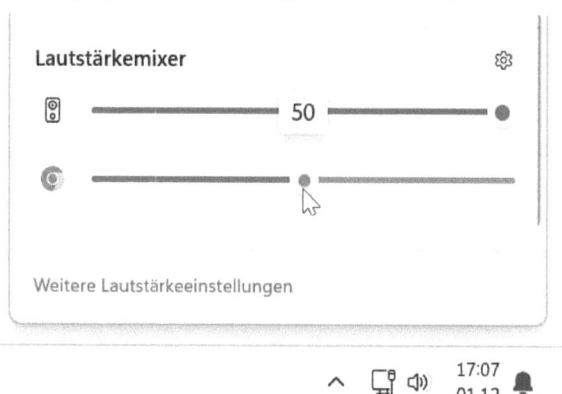

Windows speichert die hier gewählte Einstellung für diese Anwendung. Wenn Sie sie später erneut für eine Wiedergabe verwenden, wird die gewählte Lautstärke also automatisch wieder angewendet.

Netzwerkprobleme schnell diagnostizieren

Es ist keine Neuerungen sondern mehr die Rückkehr einer sinnvollen Funktion, die bei früheren Windows-Versionen selbstverständlich war, aber bei Windows 11 aus irgendeinem Grund entfernt wurde:

Das Netzwerksymbol in der Taskleiste bietet in seinem Menü nun wieder die Möglichkeit zum direkten *Diagnostizieren von Netzwerkproblemen*. Bei Windows 10 und Windows 7 fand sich an dieser Stelle ebenfalls bereits die *Problembehandlung* mit derselben Wirkung. Bei Windows 11 allerdings meinten die Entwickler zunächst, darauf verzichten zu müssen. Stattdessen musste man sich mit mehreren Mausklicks über die Netzwerk- und Interneteinstellungen zur entsprechenden Problemlösung hangeln.

Nun können Sie das Netzwerksymbol in der Taskleiste mit rechts anklicken, im Menü den Eintrag *Diagnostizieren von Netzwerkproblemen* wählen und starten so direkt den einschlägigen Problemlösungsassistent.

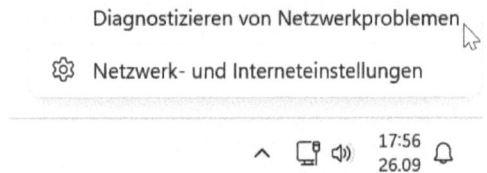

Möglichst genau treffen

Obwohl sich das Symbol für ein Netzwerk und Lautstärke eine Schaltfläche teilen, sollten Sie beim Rechtsklick genau zielen und das Netzwerksymbol treffen. Die beiden Symbole haben jeweils verschiedene Menüs und bei Laustärkesymbol finden Sie stattdessen einen Eintrag zum *Soundprobleme behandeln*.

Neues Symbol für Benachrichtigungen

Anstelle eines Kreises, der ggf. eine Zahl für die Menge vorliegender Benachrichtigungen umfasst, finden Sie ganz rechts in der Taskleiste nun ein Glockensymbol vor. Wenn keine Benachrichtigungen vorliegen, ist sieht man nur den Umriss des Symbols.

Will Windows Ihnen etwas mitteilen, wird das Symbol eingefärbt. Lassen Sie den Mauszeiger kurz über dem Symbol verharren, um die Anzahl der vorliegenden Nachrichten zu erfahren.

Um die Benachrichtigungen abzurufen, klicken Sie wie gewohnt direkt auf das Symbol. Dadurch wird die Seitenleiste für Benachrichtigungen am rechten Bildschirmrand eingeblendet.

35

Hintergrundbilder mit HDR

Bei der aktuellen Windows-Version wurden die Fähigkeiten zur Darstellung von HDR-Bildern weiter ausgebaut. So können nun HDR-Bilder als Desktop-Hintergrund verwendet werden. Hierzu unterstützt Windows die Verwendung von Bilddateien im JXR-Format, einer JPG-Variante, die um das Speichern von erweiterten Tonwerten ergänzt wurde. Microsoft stellt selbst einige JXR-Bilder zu Demonstrationszwecken bereit. Weitere findet man im Internet.

High Dynamic Range (HDR)

Bilder mit **High Dynamic Range** (HDR) haben einen hohen Dynamikumfang bei den verwendeten Helligkeitswerten. Dadurch kann man in einem Bild sowohl helle als auch dunkle Bildbereich sehr detail- und kontrastreiche darstellen. Sowohl das menschliche Auge als auch Kameras erlauben so große Dynamikumfänge eigentlich nicht. Aber durch spezielle Aufnahmetechniken oder Software kann man sie herstellen und auf Bildschirmen wiedergeben. Bei „normalen" Bildschirmen werden die HDR-Daten dabei komprimiert und an die Wiedergabefähigkeiten des Monitors angepasst, was immer noch sehr gut aussehen kann. Spezielle HDR-Bildschirme können den gesamten Dynamikumfang auch tatsächlich abbilden und so beeindruckende Bilder darstellen.

HDR aktivieren

Zunächst sollten Sie sich darüber im Klaren sein, ob Ihr PC über einen HDR-fähigen Bildschirm verfügt. Das überprüfen Sie in den Windows-Einstellungen unter *System/Bildschirm/HDR*. Hier sollte unter *Bildschirmfunktionen* die Zeile *HDR verwenden unterstützt* zu finden sein.

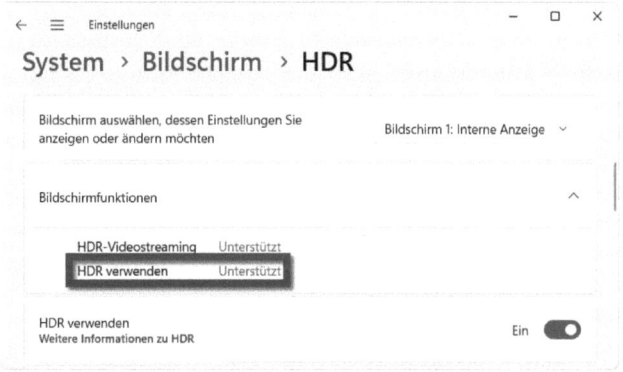

Andernfalls kann Ihr Monitor an sich keine HDR-Informationen darstellen. Sie könnten in diesem Fall zwar trotzdem JXR-Bilder verwenden, deren Dynamikumfang dann automatisch komprimiert wird. Das Ergebnis ist aber häufig alles andere als schön. Deshalb empfiehlt es sich in diesem Fall eher, klassische Bildformate zu verwenden, bei denen der Dynamikumfang ggf. kontrolliert reduziert wurde, so dass sie auch auf herkömmlichen Bildschirmen gut aussehen.

HDR- und SDR-Monitore gemischt?

Wenn Sie mehrere Bildschirme verwenden und einer davon HDR unterstützt, ein anderer aber nicht, brauchen Sie sich darüber keine Gedanken machen. Windows unterstützt HDR auch im Mischbetrieb. Wenn Sie es aktivieren, wird es auf den Bildschirmen verwendet, die es unterstützen und auf den anderen nicht.

Auch wenn Ihr Gerät prinzipiell HDR unterstützt, sollten Sie überprüfen, ob diese Funktion auch aktiviert ist. Insbesondere bei Notebooks ist sie von Haus aus oftmals deaktiviert, da sie im mobilen Einsatz den Akku zusätzlich belastet.

1. Öffnen Sie dazu wie vorangehend beschrieben in den Einstellungen den Bereich *System/Bildschirm/HDR*.

2. Stellen Sie hier bei *HDR verwenden* den Schalter auf *Ein*.

3. Sollten Sie einen Hinweis vorfinden, dass HDR zum Zwecke der Akkuoptimierung nicht aktiviert werden kann, lokalisieren Sie weiter unten die Akkuoptionen und stellen Sie sicher, dass hier *Für Bildqualität optimieren* gewählt ist.

4. Klappen Sie diesen Bereich außerdem aus und setzen Sie einen Haken bei *HDR-Spiele, -Videos und -Apps im Akkumodus zulassen*, wenn Sie HDR auch im mobilen Betrieb verwenden möchten.

5. Dadurch sollte oben die Option *HDR verwenden* einschaltbar werden (eventuell müssen Sie diesen Bereich der Einstellungen einmal verlassen und dann zurückkehren, damit dies eintritt).

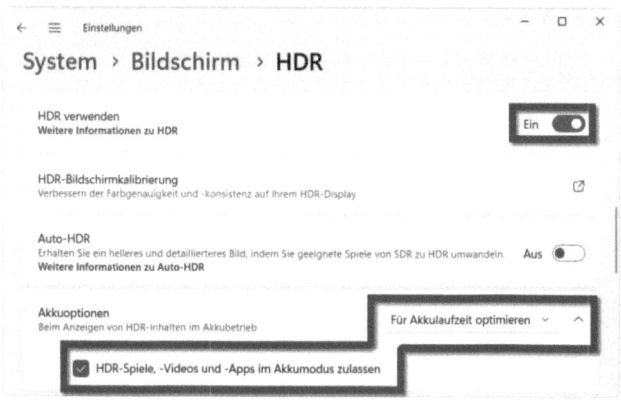

JXR-Bilder auswählen

Auch wenn Sie HDR aktiviert haben, können Sie JXR-Bilder nicht wie gewohnt im Dialog für die Einstellungen des Hintergrundbildes auswählen. Gehen Sie stattdessen so vor:

1. Öffnen Sie im Datei Explorer den Ordner, der Ihre JXR-Bilder enthält.

2. Öffnen Sie hier das gewünschte Bild per Doppelklick. Standardmäßig sollte es in der Windows-Fotoanzeige geöffnet werden. Andernfalls verwenden Sie einen Rechtsklick auf die Datei und wählen im Kontextmenü *Öffnen mit/Windows-Fotoanzeige*.

39

3. Die Windows-Fotoanzeige ist ebenfalls HDR-fähig und zeigt Ihnen das Bild auf einem HDR-Bildschirm dementsprechend in voller Farbenpracht an.

4. Um dieses Bild als Hintergrund für Ihren Windows-Desktop zu nutzen, klicken Sie in der App oben auf ••• und wählen im so geöffneten Menü *Festlegen als/Hintergrund*. Alternativ können Sie das Bild hier auch als Hintergrund für den Sperrbildschirm wählen.

Windows-Spotlight mit mehr Informationen

Wenn Sie sich von Windows-Spotlight (bzw. deutsch Windows-Blickpunkt) regelmäßig wunderschöne Hintergrundbilder auf Ihren Desktop-Hintergrund zaubern lassen, haben Sie sich vielleicht gelegentlich gefragt, was genau zu sehen ist oder bzw. an welchem Ort ein Bild aufgenommen wurde. Hierzu gibt es nun weitere Möglichkeiten und Funktionen, die Sie über das *Informationen zu diesem Bild*-Symbol auf dem Desktop wahrnehmen können:

▷ Wenn Sie den Mauszeiger über dem Symbol verharren lassen, wird der Titel des Bildes als Text angezeigt.

▷ Ein Rechtsklick auf das Symbol öffnet einen Dialog, der Ihnen direkten Zugang zu weitere Informationen und verwandten Bildern ermöglicht. Mit den Minibilder oben können Sie zu anderen Spotlight-Bilder aus der jüngsten Vergangenheit wechseln. Mit

den Symbolen für Daumen hoch bzw. runter bewerten Sie das aktuelle Bild und helfen Microsoft so, zukünftige Spotlight-Bilder besser an Ihren persönlichen Geschmack anzupassen.

▶ Mit einem Doppelklick auf das Desktop-Symbol öffnen Sie eine zum aktuellen Bild passende Bing-Suchanfragen im Webbrowser, die Ihnen ebenfalls schnell weitere Informationen vermitteln kann.

Und sonst so?

Taskleiste und Desktop sind traditionell beliebte Spielwiesen der Entwickler, wo immer wieder Kleinigkeiten verändert oder hinzugefügt werden. Hier also ein paar Hinweise, was es noch zu entdecken gibt:

▶ Im Startmenü werden in der *Alle Apps*-Liste nun die fest zum Windows-Betriebssystem gehörenden Programme mit der Kennzeichnung *System* versehen. Das bedeutet, dass sie sich nicht deinstallieren lassen. Beachten Sie hierzu auch den nächsten Hinweis.

▶ Immer mehr der mit Windows installierten Apps lassen sich deinstallieren, wenn Sie sicher sind, dass Sie sie nicht benötigen. Klicken Sie hierzu im Startmenü mit der rechten Maustaste auf den Eintrag einer App und wählen Sie im Menü *Deinstallieren*.

▶ Die als Chat an die Taskleiste geheftete minimalistische Ausgabe von Microsoft Teams wurde nun konsequenterweise entsprechend umbenannt und heißt nun auch *Microsoft Teams*. Auch optisch gab es leichte Anpassungen, aber funktionell hat sich nichts wesentlich verändert.

▷ Wenn der *Bitte nicht stören*-Modus durch das Verwenden einer App im Vollbildmodus aktiviert wurde, wird bei kritischen Benachrichtigungen eine Schaltfläche eingeblendet, mit der man den Inhalt der Benachrichtigung auf Wunsch einsehen kann.

▷ Wer virtuelle Desktops nutzt kann sich nun über hübsche Animationen beim Wechseln zwischen Bildschirmen freuen. Zur besseren Orientierung wird außerdem jeweils kurz der Name des Desktops eingeblendet.

Frisch renovierter Datei Explorer

Auch diesmal bleibt der Datei Explorer von Änderungen nicht verschont. Vieles ist kosmetischer Natur und man fragt sich, warum Microsoft seine Nutzer immer wieder damit verwirrt, dass dieselbe Funktion sich nun an anderer Stelle wiederfindet. Aber es gibt auch einige sinnvolle Neuerung, wie die integrierte Fotogalerie oder die nun endlich praktische Steuerung des Detail- bzw. Vorschaubereichs nach Bedarf.

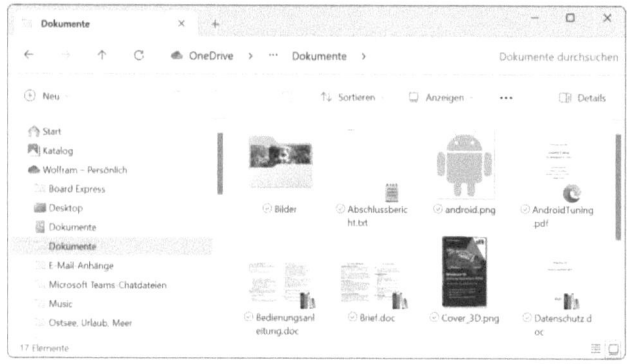

Das neue Erscheinungsbild des Explorers

Beim ersten Blick auf den Explorer hat mancher vielleicht einen Effekt, den man bei Funktions-Updates öfter mal erlebt. Die Oberfläche wirkt vertraut, aber irgendetwas ist anders? Tatsächlich haben die Entwickler bei Microsoft mal wieder Elemente der Oberfläche herumgeschoben, ohne das sich funktionell allzu viel verändert hat. Einige Elemente finden sich nun also an anderer Stelle wieder. Manches ist dabei offensichtlich, anderes eher versteckt.

▶ Zu den auffälligsten Neuerungen gehört der Tausch von Adress- und Symbolleiste. Die Adressleiste steht nun ganz oben. Sie neben dem interaktiven Adressfeld das Suchfeld und die wesentlichen Schaltfläche zum Navigieren (Vor, Zurück, eine Ebenen nach oben und Aktualisieren).

▶ Die Symbolleiste mit den Schaltflächen zum Umgang mit Dateien und Ordnern befindet sich jetzt darunter. Der Datei Explorer gleicht sich optisch damit immer weiter der typischen Browser-Oberfläche an.

▶ Die Elemente der Symbolleiste selbst scheinen auf den ersten Blick unverändert, aber wenn man genauer hinschaut, gibt es durchaus Neuigkeiten. So sind die *ZIP-komprimierten Ordner* aus dem *Neu*-Menü

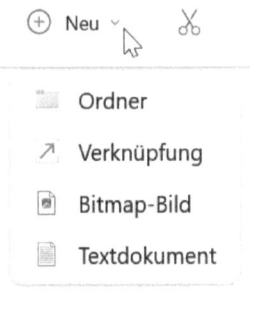

verschwunden. Das sollte verkraftbar sein, da man über das Kontextmenü weiterhin jederzeit ZIP-Archive erstellen kann.

▶ Im *Anzeigen*-Menü finden sich nach wie vor die verschiedenen Ansichtsvarianten für den Inhalt von Ordnern. Darunter allerdings kann man nun zwischen *Detailbereich* und *Vorschaufenster* wählen (mehr dazu im nachfolgenden Abschnitt). Die *Kompakte Ansicht* hingegen ist in das *Einblenden*-Untermenü gewandert. Vermutlich hat Microsofts Telemetrie ergeben, dass diese Funktion in der Praxis gar nicht so oft genutzt wird.

▶ Das *Einblenden*-Untermenü selbst sieht deshalb auch etwas anders aus, was aber nur den vorangehend beschriebenen Wechsel widerspiegelt.

Noch eine rein äußerliche Änderung ohne funktionale Auswirkung: Wenn der Explorer länger mit einem Zugriff oder einer Suche beschäftigt ist, zeigt er nun nicht mehr den grünen Fortschrittsbalken im Adressfeld an. Stattdessen wird das Symbol im Reiter des jeweiligen Registers solange durch ein sich drehendes Symbol ersetzt.

Detailbereich und Vorschaufenster nutzen

Detailbereich bzw. Vorschaufenster sind keine neuen Funktionen des Datei Explorers. Sie zeigen schon lange ausführlichere Informationen zu einer Datei bzw. soweit möglich eine Vorschau auf den Inhalt an. Allerdings war der Umgang damit bislang eher umständlich, da man zum Ein- und Ausblenden jeweils das *Einblenden*-Untermenü des *Anzeigen*-

Menüs bemühen musste. Und dauerhaft einblenden möchten viele diesen Bereich nicht, da er wertvollen in der Ordnerliste kostet. Deshalb aktiviert man diesen Bereich am besten nur bei Bedarf.

Das hat Microsoft nun endlich möglich gemacht. In der Symbolleiste des Datei Explorer findet sich ganz rechts eine Schaltfläche *Details* bzw. *Vorschau*, mit der man den Bereich jederzeit mit einem Mausklick ein- und ausblenden kann.

Welche der Bereiche angezeigt werden soll, steuert man nun direkt im Anzeigenmenü mit den beiden Einträgen *Detailbereich* und *Vorschaufenster*. Je nach dem, was hier vorgewählt ist, verändern sich Aussehen und Funktion der Schaltfläche ganz rechts in der Symbolleiste.

Auch inhaltlich wurde der Details-Bereich überarbeitet. Er zeigt nun ein wesentlich größeres Symbol für ausgewählte Dateien an. In Kombination mit der Fähigkeit von Windows, für viele Dateitypen anstelle eines generischen Symbols eine Miniaturansicht des Inhalts anzuzeigen, bekommt man so bei manchen Dateitypen wie Bildern oder Dokumenten schon eine kleine Vorschau auf den Inhalt. Zusätzlich werden wesentliche Informationen zu Datei bzw. Ordner angezeigt. Mit der Eigenschaften-Schaltfläche können Sie jederzeit die umfangreichen Dateieigenschaften öffnen, wenn Sie es noch genauer wissen möchten.

Die Fotogalerie im Datei Explorer

Eine der größten Neuerung beim Datei Explorer kommt etwas unscheinbar daher: Unterhalb von *Start* findet sich nun der Eintrag *Katalog*. Mit einem Klick darauf öffnen Sie die in den Explorer integrierte Fotogalerie. Sie zeigt Ihnen Bilder und Videos, die Sie lokal auf Ihrem PC oder auch in der OneDrive-Cloud Ihres Microsoft-Kontos gespeichert haben.

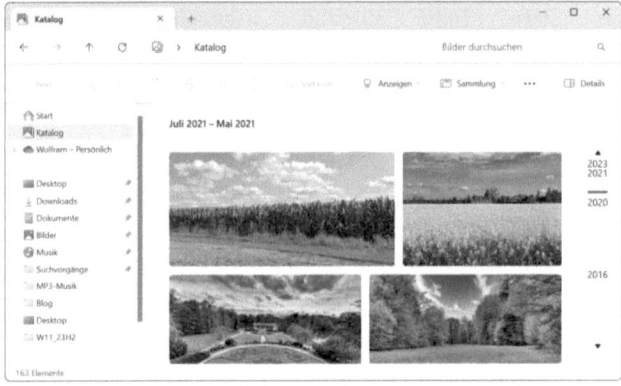

Die Ansicht entspricht in etwa der Darstellung der App *Windows-Fotoanzeige*. Genau wie dort haben Sie am rechten Rand eine Zeitleiste, mit der Sie gezielt Bilder aus einem bestimmten Zeitraum anzeigen können. Zusätzlich wird in diesem Modus eine *Sammlung*-Schaltfläche in der Symbolleiste eingeblendet. Mit einem Klick darauf öffnen Sie ein Menü, in dem Sie wählen können, ob in dieser Ansicht alle Bilder oder nur der Inhalt der Bilder-Bibliothek angezeigt werden soll. Außerdem können Sie mit *Sammlung verwalten* weitere Speicherorte für

Bilder hinzufügen, die der Katalog des Datei Explorers berücksichtigen soll.

Auch das ●●●-Menü wird beim Anzeigen von Bildern um Zusatzfunktionen ergänzt. So können Sie Bilder drehen oder als Hintergrund festlegen.

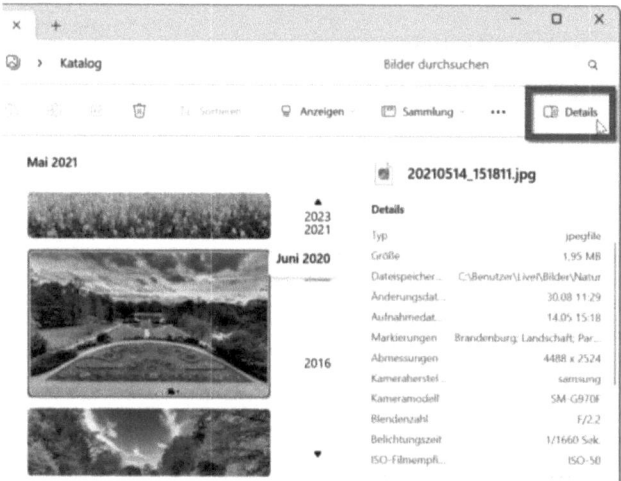

Katalog und Detailbereich kombinieren
Die Katalogansicht bietet eine gute Möglichkeit, den Detailbereich des Datei Explorers effizient zu nutzen. Wenn Sie ein Bild ausgewählt haben und oben rechts in der Symbolleiste auf *Details* klicken, finden Sie im rechts eingeblendeten Bereich direkt alles Wissenswerte über dieses Bild, wie etwa Format, Aufnahmedatum sowie ggf. -ort, Markierungen usw. Stört Sie der Detailbereich bei der Durchsicht Ihrer Bildersammlungen, bleiben Sie ihn mit einem erneuten Mausklick schnell wieder aus.

Bilder vom Smartphone importieren

Der Bildkatalog im Datei Explorer bietet auch Zugang zu einer weiteren Funktion, mit der Sie Fotos, die Sie mit Ihrem Smartphone gemacht haben, nun unkomplizierter auf den PC übertragen und in Ihre Fotogalerie aufnehmen können.

1. Öffnen Sie im Datei Explorer den *Katalog* (siehe im Vorangehenden).

2. Solange dessen Übersicht anzeigen, aber kein konkretes Bild auswählen, wird oben in der Symbolleiste die Schaltfläche *Telefonfotos hinzufügen* angezeigt. Falls das Fenster nicht breit genug sein sollte, klicken Sie auf ●●●, um im Menü die gleichnamige Funktion zu finden.

3. Ein Klick darauf öffnet eine Webseite von Microsoft mit einem QR-Code. Wenn Sie diesen mit der Kamera Ihres iPhone oder Android-Smartphone scannen, gelangen Sie direkt zur passenden OneDrive-App im jeweiligen App-Store. Installieren Sie diese App und melden Sie sich dann in der App mit Ihrem Microsoft-Konto an.

4. In der App tippen Sie dann unten auf das *Ich-Symbol* für Ihre persönlichen Optionen.

5. Wählen Sie im Menü die *Einstellungen*.

6. Lokalisieren Sie in der Liste der Einstellungen den Punkt *Kamera-Backup* und tippen Sie darauf.

7. Tippen Sie dann auf *Bestätigen*, um das Synchronisieren Ihrer mit dem Smartphone gemachten Fotos mit Ihrem OneDrive-Speicher zu aktivieren.

8. Damit gelangen Sie zugleich zu den Detail-Einstellungen dieser Funktion. Hier kann es beispielsweise sinnvoll sein, die Option Videos einschließen zu deaktivieren, wenn diese nicht synchronisiert werden sollen.

9. Weitere Möglichkeiten sind das Beschränken der Datennutzung auf WLANs oder auf Zeiten, in denen das Gerät geladen wird, um den Akku nicht unnötig zu belasten. Außerdem können Sie die App auf bestimmte Bilderordner beschränken.

10. Ganz unten findet sich schließlich die Möglichkeit, den Upload mit *Sicherung deaktivieren* auch wieder zu unterbinden.

Die Funktion lädt direkt beim Aktivieren alle Bilder, die sich derzeit auf Ihrem Smartphone befinden, zu OneDrive hoch. Kommen in Zukunft weitere Bilder hinzu, werden diese automatisch auch synchronisiert. Sie finden Sie bei OneDrive unter *Pictures*/*Camera Roll*.

RAR-Dateien im Explorer entpacken

Eine praktische Neuerung, die man schnell übersehen könnte, ist die Unterstützung des RAR-Archivformats im Datei Explorer. Bislang konnte dieser mit ZIP-Archiven umgehen, deren Inhalte anzeigen und die enthaltenen Dateien auspacken. Diese Funktion wurde nun um das RAR-Format erweitert. Der Datei Explorer kann nun auch bei solchen Archiven den Inhalt anzeigen und auspacken. Die Änderungen dafür fanden rein unter der Oberfläche statt und die Funktionen werden analog zum ZIP-Format genutzt.

Sie können also nun im Datei Explorer Dateien mit der .rar-Endung doppelt anklicken, um den Inhalt anzuzeigen. Oder Sie klicken mit der rechten Maus darauf und wählen im Kontextmenü *Alle extrahieren*, um den Inhalt in ein Verzeichnis zu entpacken. Im Vergleich zu ZIP-Archiven rechnet Windows an RAR-Dateien allerdings wesentlich langsamer, so dass man schon mal denken könnte, der Datei Explorer sei unterwegs abgestürzt. Haben Sie also im Zweifelsfall etwas Geduld. Alternative Archiv-Helfer wie 7-ZIP (*www.7-zip.de*) gehen da deutlich schneller zu Werke.

Rückfrage beim Doppelklick?

Wenn Sie eine RAR-Datei doppelt anklicken, fragt Windows ggf. zunächst nach, wie Sie die Datei öffnen möchten. Das geschieht vor allem dann, wenn sich bereits eine andere Anwendung als Standardprogramm für diesen Dateityp registriert hat. Wählen Sie in diesem Fall *Explorer* und dann unten *Immer*, damit RAR-Dateien stets ohne Nachfrage durch den Datei Explorer geöffnet werden. Wollen Sie die Funktion erstmal nur testen, dann klicken Sie statt *Immer* auf *Nur einmal*.

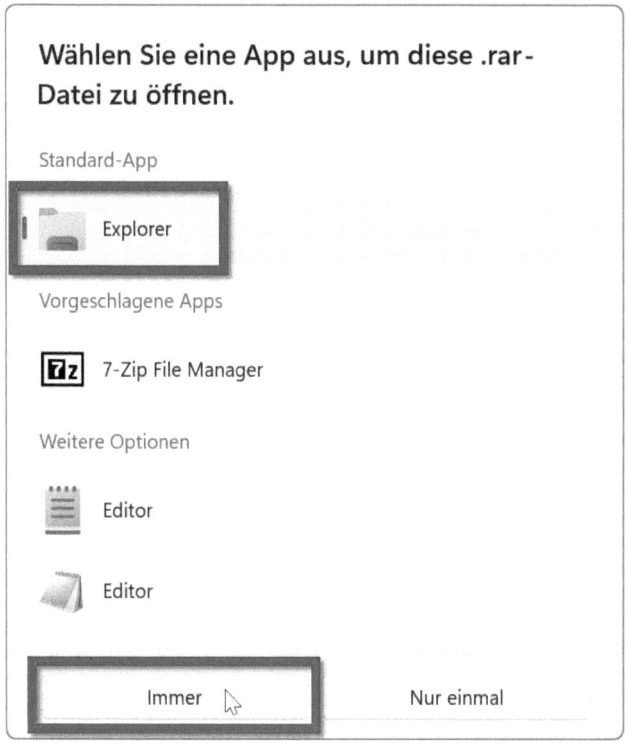

In der Windows-Welt ist RAR neben ZIP das gebräuchlichste Archiv-Format. In der Linux- bzw. Unix-Welt gibt es noch weitere, die der Datei Explorer nun ebenfalls ohne zusätzliche Software entpacken kann, u. a. tar, gz, bz2, zst, xz sowie verschiedene Kombinationen davon.

Register per Maus zu Fenstern machen

Bereits mit dem letzten Funktions-Update wurden die Register im Datei Explorer eingeführt, deren Funktionalität weiterentwickelt wird. Dadurch ist es nun möglich, ein Register aus einem Explorer-Fenster schnell und unkompliziert per Maus in ein neues, eigenständiges Explorer-Fenster umzuwandeln:

1. Klicken Sie den Reiter des gewünschten Registers und halten Sie die linke Maustaste gedrückt.

2. Ziehen Sie den Mauszeiger und damit den Registerreiter nun mit gedrückter Taste ein Stück von der Registerleiste des Datei Explorers weg.

3. Lassen Sie die Maustaste dann los.

4. Der Datei Explorer öffnet daraufhin eine weitere Instanz in einem neuen Fenster und zeigt darin dieses Register mit seinem Inhalt an. Dieses Fenster ist ein vollwertiges Explorer-Fenster, in dem Ihnen alle Funktionen zur Verfügung stehen. Sie können hier auch weitere Register öffnen usw.

Das Ziehen des Registers funktioniert in beide Richtungen. Sie können also den Registerreiter auch wieder aus seinem eigenen Fenster zurück in das ursprüngliche Explorer-Fenster ziehen. Dazu müssen Sie nur beide Fenster zuvor so anordnen, dass Sie beide Registerleisten sehen können. Und Sie müssen den Reiter ziemlich genau auf die Registerleiste ziehen, bevor Sie die Maustaste loslassen. Dann wird das Register wieder in dieses Fenster einsortiert. Sollte es das einzige Register im anderen Explorer-Fenster gewesen sein, wird diese nun überflüssige Instand automatisch geschlossen.

OneDrive im Datei Explorer

Auch die Integration des OneDrive-Dienstes in den Datei Explorer schreitet voran, wenn auch diesmal nur mit kleinen Schritten. Microsoft hat den Umbau an der Adressleiste zum Anlasse genommen, auch hier Informationen und Funktionen zu OneDrive einzufügen.

Wann immer Sie einen Ordner öffnen, der in OneDrive gespeichert ist, können Sie am Symbol ganz links im Adressfeld den Synchronisierungsstatus von OneDrive erkennen.

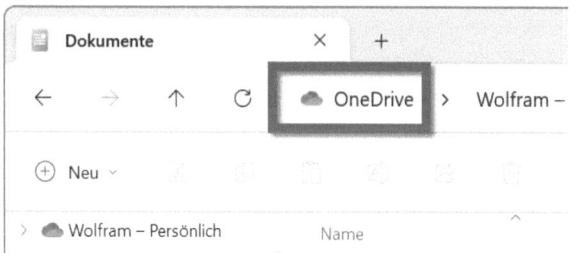

Wenn Sie nun auf diese OneDrive-Schaltfläche klicken, öffnen Sie einen Dialog, der Ihnen direkt die Speicherbelegungsquote Ihres Cloud-Speichers verrät. Die oberste Zeile des Dialogs zeigt an, ob die Synchronisierung zwischen PC und Cloud-Speicher derzeit aktiv ist. Andernfalls bietet sie eine Abkürzung zu den entsprechenden Einstellungen. Mit den Symbolen unten rechts können Sie den

OneDrive-Papierkorb, die Weboberfläche des Cloud-Speichers sowie dessen Einstellungen öffnen.

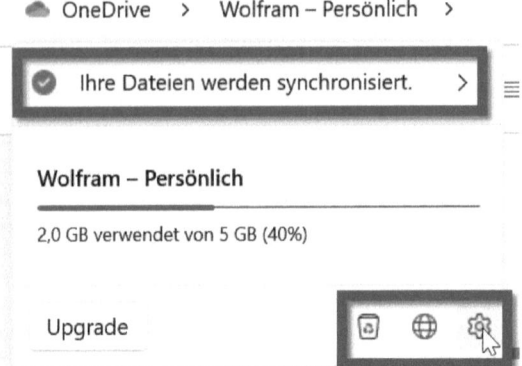

Windows-Sicherung in der Cloud

Wenn Sie Ihren Windows-PC mit einem Microsoft-Konto nutzen und Ihnen somit ohnehin kostenloser Cloud-Speicherplatz zur Verfügung steht, können Sie diesen nun sinnvoll nutzen, um wichtige Dokumente und Einstellungen Ihres PCs regelmäßig in der Cloud zu sichern, von wo Sie sie im Ernstfall jederzeit schnell wieder herstellen können.

Sichern oder Synchronisieren?

Die Windows-Cloud-Sicherung ist sowohl eine Sicherungs- als auch eine Synchronisierungsfunktion. Sie verwendet den OneDrive-Speicher Ihres Microsoft-Kontos, um wesentliche Dateien, Informationen und Einstellungen vom Gerät zur Cloud und zurück zu synchronisieren. Wenn Sie mehrere Geräte mit demselben Konto verwenden, sorgt die Sicherung dafür, dass zwischen diesen Geräten ein ständiger Abgleich stattfindet. Gleichzeitig ist genau das auch eine Sicherungsfunktion, denn wenn Sie Windows neu installieren bzw. einen neuen Windows-PC in Betrieb nehmen, brauchen Sie sich dort nur mit Ihrem vorhandenen Microsoft-Konto anzumelden. Dann werden die in der Cloud gespeicherten Dateien und Einstellungen automatisch mit diesem PC synchronisiert, so dass Sie nach kurzer Wartezeit alles wieder wie gewohnt vorfinden.

Um es von vorneherein ganz deutlich zu sagen: Die App zur *Windows-Sicherung* ersetzt kein Komplett-Backup wie etwa eine Image-Sicherung. Sie sichert aber wesentliche Dateien und Einstellungen und ermöglicht es so, sogar auf einem neuen PC wichtige Dateien und eine vertraute Arbeitsumgebung ohne große Umstände weitestgehend wieder herzustellen.

Cloud-Sicherung einrichten

Die Einstellungen für die Cloud-Sicherung finden Sie in den Windows-Einstellungen unter *Konten/Windows-Sicherung*.

OneDrive-Ordnersynchronisierung

Mit einem Klick auf *Synchronisierung einrichten* können Sie hier Dokumente, Bilder, Musik und Videos sowie den Inhalt Ihres Desktop zum OneDrive-Speicher hochladen. Die Schalter lassen Sie wählen, was davon gesicherten werden soll. Wenn Sie beispielsweise Dokumente nicht in der Cloud sichern möchten, stellen Sie diesen Schalter auf Aus. Auch bei der Musik- und Videosammlung kann es sinnvoll sein, diese aus Zeit und Platzgründen vom Synchronisieren auszunehmen und stattdessen lokal auf einem externen USB-Laufwerk zu sichern. Behalten Sie dabei auch unten die Speicherschätzung im Blick.

Haben Sie Ihre Auswahl getroffen, klicken Sie unten auf *Sicherung starten*, um direkt einmal alle ausgewählten Dateien zu OneDrive hochzuladen. Den anschließenden Statusdialog können Sie schließen. Die Sicherung arbeitet im Hintergrund zuverlässig weiter.

Meine Apps merken

Wenn Sie diese Option einschalten, sichert Windows nicht alle installierten Apps, sondern Informationen darüber, welche Apps Sie installiert haben. Zusätzlich werden Ihre individuellen Einstellungen der Apps vermerkt. Dadurch können beispielsweise auf einem neuen Gerät Ihre Apps direkt wieder aus dem Microsoft Store installiert und mit Ihren gewohnten Einstellungen eingerichtet werden.

Die Grenzen der App-Sicherung

Da nicht die Apps selbst sondern nur Informationen über die Apps gesichert werden, können auf diese Weise nur Apps wiederhergestellt werden, die aus dem Microsoft Storen installiert wurden. Apps aus anderen Quellen bzw. eigenhändig installierte Anwendungen für den klassischen Desktop müssen also auch wieder manuell installiert und eingerichtet werden.

Meine Einstellungen speichern

Diesen Punkt können Sie nicht nur ein- oder ausschalten, sondern auch ausklappen. Dadurch werden Optionen eingeblendet, mit denen Sie genauer festlegen können, welche Einstellungen gesichert werden sollen.

Ein besonderes Augenmerk sollten Sie dabei auf den Punkt *Konten und Kennwörter* legen. Wenn Sie Geräte mit anderen Personen gemeinsam nutzen (und dabei auch dasselbe Microsoft-Konto verwenden), können diese dadurch die hinterlegten Kennwörter ggf. nutzen, was Ihnen womöglich nicht immer recht wäre. In diesem Fall könnten Sie diesen Punkt deaktivieren, alle anderen Einstellungen aber trotzdem synchronisieren lassen.

Einmal eingerichtet, versieht die Windows-Sicherung automatisch im Hintergrund ihren Dienst und synchronisiert fleißig Dateien und Einstellungen. Sie brauchen sich darum nicht weiter zu kümmern. In den Windows-Einstellungen unter Konten/Windows-Sicherung können Sie sich oben in der Navigationsleiste jederzeit überzeugen, was und dass gesichert wird. Hier finden Sie für jeden der Bereiche einen Eintrag. Diese sollten jeweils mit einem grünen

Punkt und der Anmerkung *Gesichert* bzw. *Synchronisieren* versehen sein.

Sicherung bei Bedarf per App

Zusätzlich zur laufenden Cloud-Synchronisierung über die Windows-Einstellungen liefert Microsoft die App Windows-Sicherung aus. Dieser ermöglicht es, jederzeit manuell eine Sicherung durchzuführen. Dabei kann der Umfang der zu sichernden Dateien abweichend von den Vorgaben in den Windows-Einstellungen erweitert werden. Diese App sollten Sie also beispielsweise einsetzen, wenn

▷ Sie zu einem neuen PC wechseln und Ihre Dateien und Einstellungen ohne große Umstände per Cloud übertragen möchten,

▷ bevor Sie ein Gerät für eine Reparatur oder ein Hardware-Upgrade abgeben müssen,

▷ bevor Sie vielleicht selbst einen Umbau oder eine größere Veränderung an der Konfiguration Ihres PCs vornehmen oder

▷ wenn Sie gelegentlich eine umfangreichere Sicherung erstellen möchten, die wirklich alle Dokumente und Mediendateien umfasst.

Zu diesem Zweck können Sie die App *Windows-Sicherung* jederzeit über das Startmenü aufrufen. Sie besteht im Wesentlichen aus einem Menü, indem Sie den Umfang der Sicherung festlegen können.

Windows-
Sicherung

Zu diesem Zweck finden Sie hier Entsprechungen für die vorangehend beschriebenen Bereiche *Ordner*, *Apps* und *Einstellungen*. Zusätzlich gibt es den Punkt *Anmeldeinformationen* bei dem es um gespeicherte Kennwörter etwa für WLANs geht. Dieser wurde aus den anderen Einstellungen herausgelöst.

Für alle Bereich und deren Unterpunkte gilt:

▷ Wenn etwas in den Windows-Einstellungen bereits für das Synchronisieren ausgewählt wurde, ist es hier in der Übersicht automatisch aktiviert bzw. mit dem Hinweis *Gesichert* versehen. Es kann dann auch nicht deaktiviert werden.

▷ Wenn Sie in den Windows-Einstellungen für bestimmte Bereiche das Synchronisieren abgeschaltet haben, dann können Sie diese Bereiche hier fallweise und nach Bedarf für die zu erstellende Sicherung aktivieren. So kann die Sicherung auch Bereiche umfassen, die üblicherweise nicht mitsynchronisiert werden.

Haben Sie Ihre Auswahl getroffen, klicken Sie unten auf die *Sichern*-Schaltfläche, um die Sicherung zu starten.

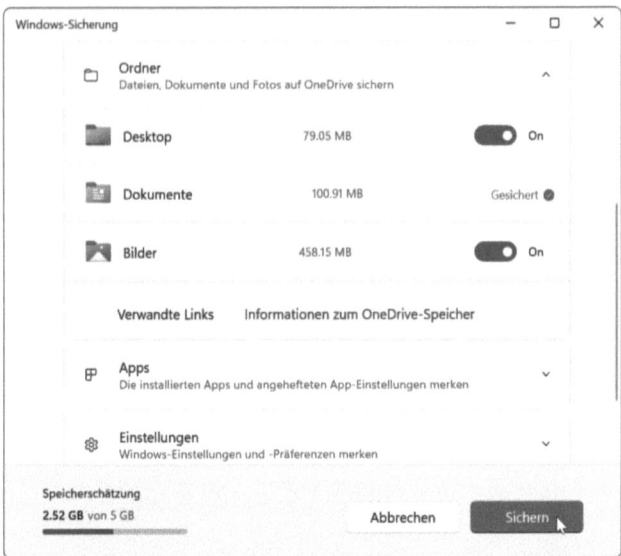

Die Sicherung wird daraufhin unmittelbar durchgeführt. Den Fortschritt können Sie in der App verfolgen. Sie können diese aber auch minimieren oder schließen.

Sicherungen wiederherstellen

Ein Wiederherstellen einer Sicherung im engeren Sinn ist nur in Ausnahmefällen notwendig. Auf Geräten, die Sie mit demselben Microsoft-Konto nutzen und bei denen das Synchronisieren mit der Cloud aktiviert ist, werden die gewählten Inhalte ohnehin ständig aktualisiert. Ein Wiederherstellen ist nicht erforderlich. Auf einzelne gesicherte Dateien können

Sie direkt per OneDrive zugreifen (siehe im Folgenden).

Wenn Sie einen neuen PC in Betrieb nehmen oder Windows auf einem vorhandenen PC zurücksetzen bzw. neu installieren, melden Sie sich nach erfolgreicher Installation mit dem verwendeten Microsoft-Konto an. Windows erkennt dann automatisch, dass in der Cloud eine Windows-Sicherung vorliegt und bietet Ihnen an, diese auf dem PC wiederherzustellen.

Frühere Dateiversionen wiederherstellen

Einer der großen Vorteile von Sicherungen ist, dass man dadurch eine frühere Version wiederherstellen kann, wenn beim Bearbeiten ein Fehler oder ein Missgeschick passiert ist. Wie soll das gehen, wenn Windows die aktuelle Version automatisch mit OneDrive synchronisiert?

Die Antwort ist der in OneDrive integrierte automatische Versionsverlauf. Wenn eine veränderte Version einer Datei zu OneDrive synchronisiert wird, ersetzt der Cloud-Dienst die vorhandene Datei, legt intern aber zugleich eine Kopie der alten Version an. Das geschieht immer wieder, solange ausreichend Speicherplatz vorhanden ist. Dadurch können Sie in OneDrive-Ordner nicht nur auf die aktuelle Version einer Datei zugreifen, sondern meist auch auf eine oder mehrere frühere Fassungen.

1. Lokalisieren Sie die Datei und klicken Sie den Eintrag bzw. das Symbol mit der rechten Maustaste an.

2. Wählen Sie im Kontextmenü *OneDrive/Versionsverlauf*.

3. In der so geöffneten Liste finden Sie ganz oben stets die aktuelle Version dieser Datei.

4. Darunter finden Sie – soweit vorhanden – frühere Fassungen der Datei. Alter bzw. Zeitpunkt der Bearbeitung sind dabei jeweils angegeben.

5. Bewegen Sie den Mauszeiger auf den entsprechenden Eintrag und klicken Sie dort rechts auf das ⋮.

6. Wählen Sie im so geöffneten Menü *Wiederherstellen*.

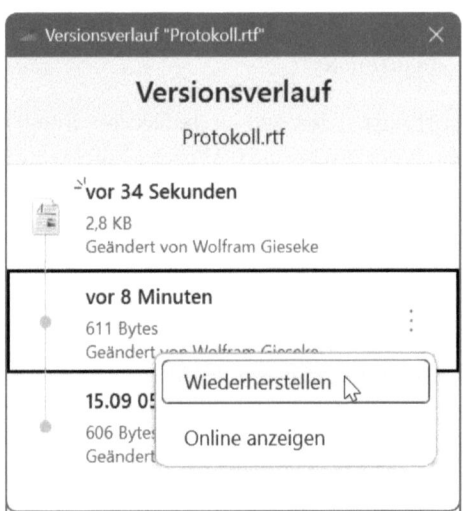

7. Windows ersetzt daraufhin die vorhandene Version der Datei durch die ausgewählten aus dem Versionsverlauf. Dabei wird automatisch ein neuer Eintrag im Verlauf erzeugt, so dass auch die durch das Wiederherstellen überschriebene Fassung im Verlauf erhalten bleibt und ggf. wieder abgerufen werden kann.

Inhalt aus früheren Versionen retten

Vielleicht möchten Sie eine frühere Version nicht gleich wiederherstellen, sondern nur bestimmte Inhalte daraus zurückhaben, die in der aktuellen Fassung nicht mehr enthalten sind? In dem Fall wählen Sie im Kontextmenü *Online anzeigen*. Damit können Sie per Browser direkt auf OneDrive zugreifen und die frühere Dateiversion dort öffnen oder auch an anderer Stelle speichern, ohne den aktuellen Inhalt der Datei zu verändern.

Dies und das

Neben den Neuerungen, die ich vorangehend ausführlicher vorgestellt habe, gibt es wie immer auch ein paar Kleinigkeiten und Verbesserungen, die ich nicht unerwähnt lassen möchte.

Neues in den Windows-Einstellungen

Auch bei den Windows-Einstellungen hat sich mal wieder etwas getan. Allerdings nicht so viel, dass es gleich ein eigenes Kapitel erfordern würde – was ja aber an sich nichts schlechtes sein muss.

Startseite für die Einstellungen

Beim Öffnen der Windows-Einstellungen wird nun eine Startseite angezeigt. Sie enthält wie bereits von der Systemseite gewohnt ganz oben Informationen zum PC, die aktuelle Netzwerkverbindung sowie den Status von Windows Update. Darunter finden sich mehrere dynamische Elemente:

▶ *Empfohlene Einstellungen*: Dieser Abschnitt enthält jeweils die Einstellungen, die Sie in letzter Zeit am häufigsten verwendet haben. So kann er nützliche Abkürzungen zu viel genutzten Optionen bieten.

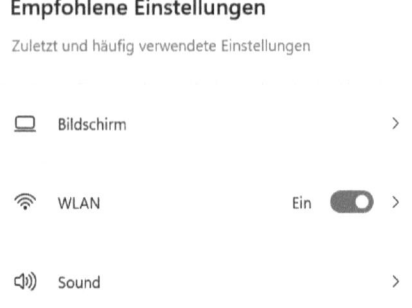

> *Cloudspeicher*: Wenn Sie OneDrive nutzen, sehen Sie hier jederzeit auf einen Blick den Füllstand Ihres Online-Speichers und können bei Bedarf mit *Details anzeigen* für weitere Informationen in den Bereich *Konten* der Windows-Einstellungen wechseln.

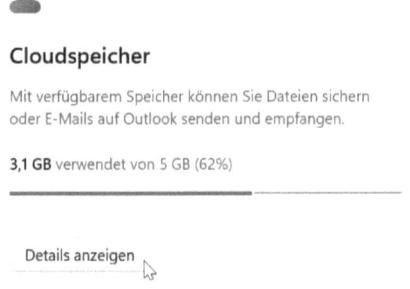

> *Personalisieren Ihres Gerätes*: Hier können Sie mit einem Klick das Design der Windows-Oberfläche oder den Farbmodus wechseln. Ein Klick auf Weitere *Hintergründe, Farben und Designs durchsuchen* bringt Sie direkt zu den

Personalisierung-Einstellungen, wo Sie den PC noch weitaus umfangreicher an Ihren persönlichen Geschmack anpassen können.

Personalisieren Ihres Geräts

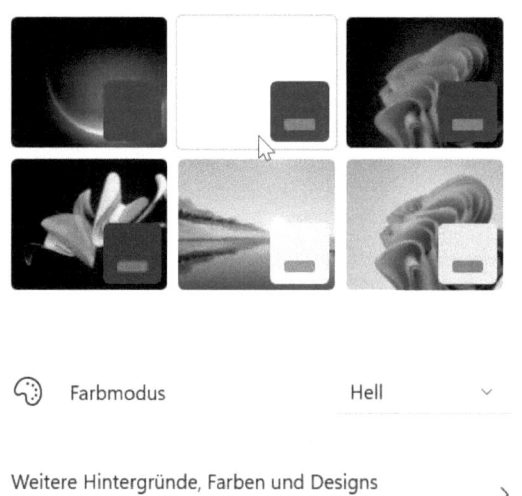

🎨 Farbmodus   Hell ∨

Weitere Hintergründe, Farben und Designs durchsuchen   >

▷ *Bluetooth-Geräte*: Verfügt Ihr Gerät über eine Bluetooth-Schnittstelle sehen Sie in diesem Bereich aktuell verfügbare Geräte und können Verbindungen direkt herstellen oder trennen. Um ein neues Gerät per Bluetooth mit dem PC zu verbinden, klicken Sie unten auf *Gerät hinzufügen*.

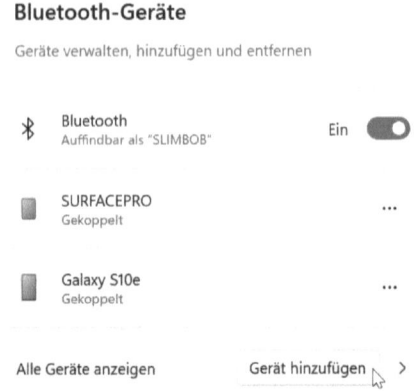

> *Microsoft 365 testen*: Auch an dieser Stelle darf Werbung für das Microsoft 365 -Angebot nicht fehlen.

Einstellungen für Entwickler

Eine Sammlung mit Einstellungen speziell für Programmierer und Administratoren befand sich bislang wenig logisch im Bereich Datenschutz und Sicherheit. Sie findet sich nun etwas stimmiger unter *System/Für Entwickler*. Dabei sollte man sich vom Begriff „Entwickler" nicht abschrecken lassen.

Tatsächlich finden sich in diesem Bereich einige Einstellungen, die alten Windows-Hasen bekannt vorkommen dürften. So können Sie unter Datei-Explorer beispielsweise festlegen, ob dieser die Dateiendungen anzeigen und Systemdateien ausblenden soll. Einstellungen, die in früheren Zeiten direkt in der Symbolleiste des Windows Explorers für jeden zugänglich war.

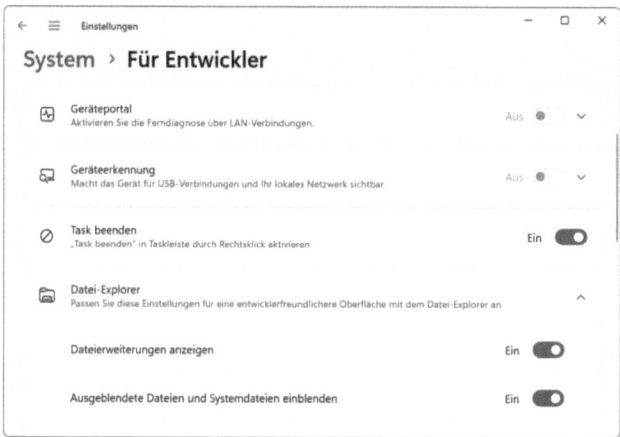

Verbindung zum Smartphone steuern

Unter *Bluetooth und Geräte* finden Sie nun den Eintrag *Smartphone-Link*. Damit öffnen Sie eine Einstellungsseite, wo Sie die Verbindung zum Smartphone jederzeit ganz nach Bedarf jederzeit ein- oder ausschalten können. So können Sie die Verbindung beispielsweise nur aktivieren, wenn Sie sie benötigen, um beispielsweise Bilder zu übertragen. Das ist eine schöne Verbesserung, da sich dies bislang nur etwas umständlich in der begleitenden App auf dem Smartphone erreichen ließ.

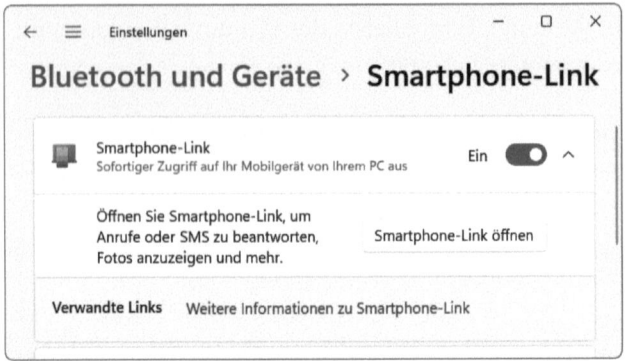

Datennutzung im Detail analysieren

Schon bisher konnte man in den Windows-Einstellungen unter *Netzwerk und Internet/Erweiterte Netzwerkeinstellungen/Datennutzung* interessante Einblicke in die Nutzungsstatistiken der verschiedenen Apps und Dienste nehmen. Allerdings war der Zeitraum dabei stets auf die letzten 30 Tage festgelegt. Neu hinzugekommen ist ein Auswahlfeld, mit dem Sie den Auswertungszeitraum nun auf die letzten 7 Tage oder die letzten 24 Stunden begrenzen können.

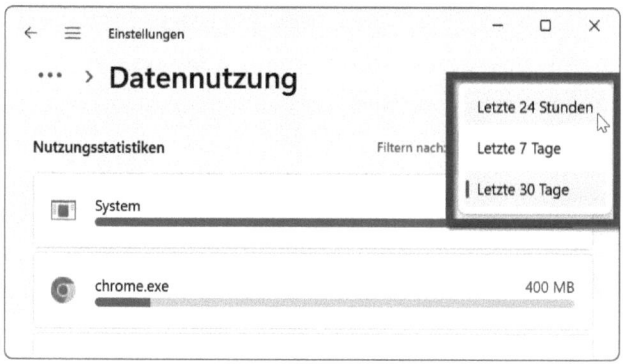

Gespeicherte WLAN-Passwörter anzeigen

Das Windows sich einmal eingegebene WLAN-Kennwörter merkt und bei Bedarf automatisch verwendet, ist selbstverständlich. Allerdings war es bislang recht umständlich, diese auch sichtbar zu machen, um sie beispielsweise für ein anderes Gerät übernehmen zu können. Dies geht nun einfacher:

1. Öffnen Sie in den Windows-Einstellungen den Bereich *Netzwerk und Internet/WLAN/Bekannte Netzwerke verwalten*.

2. Lokalisieren Sie in der Liste der bekannten Netzwerke das gewünschte WLAN und klappen Sie dessen Eintrag auf.

3. Klicken Sie in den Eigenschaften des WLANs bei *WLAN-Sicherheitscode anzeigen* auf die Schaltfläche *Ansicht*.

4. Windows zeigt Ihnen dann einen Dialog mit dem für dieses WLAN hinterlegten Kennwort an.

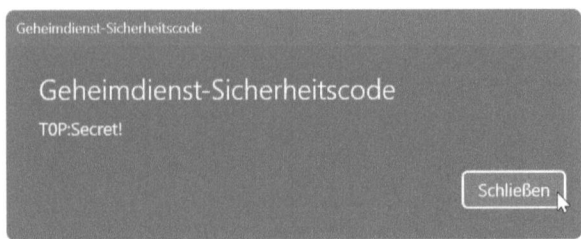

Neues Geräteprofil für Entwickler

Beim initialen Einrichten fragt Windows schon länger, für welche(n) Verwendungszweck(e) Sie Ihren PC überwiegend verwenden möchten, also beispielsweise Spielen, Kreativität, Geschäft oder Schule. Dementsprechend werden ggf. zusätzliche Komponenten installiert oder weggelassen. In den Windows-Einstellungen können Sie die Profile unter *Personalisierung/Geräteverwendung* aber auch noch nachträglich anpassen. Und hier ist nun ein weiteres Geräteprofil für *Entwicklung* hinzugekommen. Unmittelbare Auswirkung dieses Profils scheint in erster Linie zu sein, dass das neue *Dev Home* eingerichtet wird. Dabei handelt es sich um eine zentrale Anlaufstelle für die zahlreichen von Microsoft angebotenen Entwicklerwerkzeuge.

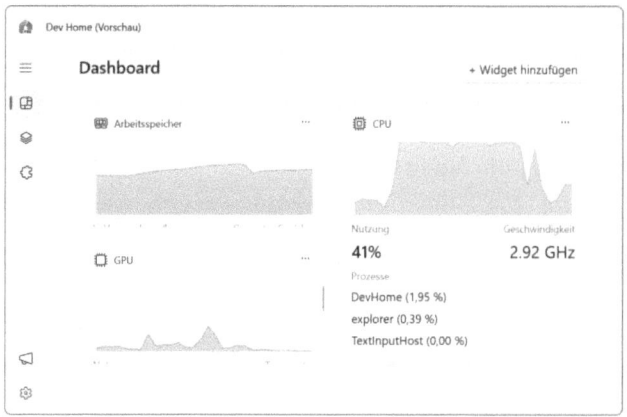

Dynamische Beleuchtung zentral steuern

Wer auf LEDs, atmosphärische Beleuchtung oder Farbwechseleffekte steht und entsprechende Geräte und Elemente im Einsatz hat, kann diese nun von Windows zentral steuern lassen. Das macht Änderungen an mehreren Elementen gleichzeitig komfortabler und einheitlicher.

Hierfür finden Sie in den Windows-Einstellungen unter *Personalisierung/Dynamische Beleuchtung* passende Einstellungen vor:

▷ *Dynamische Beleuchtung auf meinen Geräten verwenden* steuert die Funktion insgesamt. Denn selbstverständlich können Sie auch die Apps der Hersteller weiterhin nutzen.

▷ *Kompatible Apps im Vordergrund steuern die Beleuchtung immer* ist hilfreich, um beispielsweise

Änderungen an den spezifischen Einstellungen der Geräte vorzunehmen. Solange Sie die entsprechende Hersteller-App im Vordergrund geöffnet haben, reagiert das Gerät darauf und zeigt die Veränderungen direkt an. Schließen Sie die App, übernimmt Windows ggf. wieder die Kontrolle.

➤ Der Abschnitt *Hintergrund-Steuerelement* ist etwas komplexere. Sofern Sie passende Apps von Geräte-Herstellern installiert haben, werden diese hier angezeigt und Sie können die Liste sortieren. Die Reihenfolge gibt dann vor, welche der Apps jeweils Priorität beim Steuern der Beleuchtung hat. Die Windows-eigene *Steuerung für dynamische Hintergrundbeleuchtung* selbst wird ebenfalls in der Liste geführt. So kann beispielsweise gesteuert werden, dass die dynamische Beleuchtung nur bei bestimmten Geräten verwendet wird, während für andere die Hersteller-App entscheidend bleibt.

➤ Bei *Helligkeit* und *Effekte* können Sie die Art des gewünschten Beleuchtungseffektes selbst auswählen. Windows kennt verschiedenen Modi wie Einfarbig. Regenbogen, Farbverlauf oder Wellenmuster. Abhängig vom gewählten Effekt legen Sie dann die zu verwendenden Farben fest.

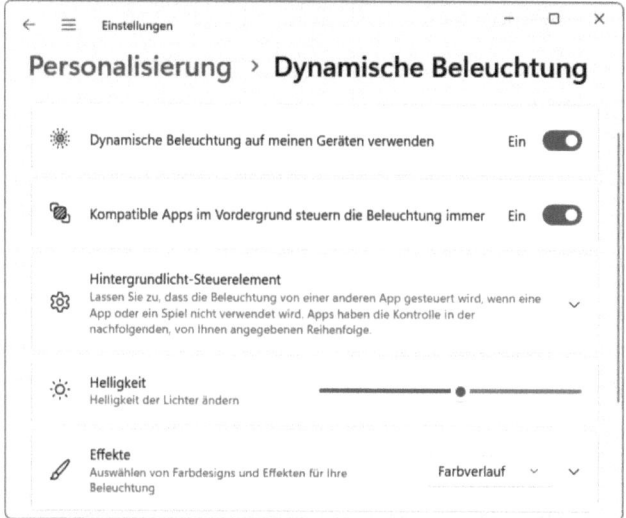

So praktisch und komfortabel sich diese Funktion in der Theorie anhört und in der Praxis funktioniert, hat sie einen Haken: Das Ganze funktioniert nur, wenn die Gerätehersteller mitziehen und die neue Windows-Funktion unterstützen. Und da sieht es bislang noch recht überschaubar aus. Einige Tastaturen und Mäuse der Firma Razer sind bereits kompatibel. Weitere Hersteller wie Logitech haben angekündigt, die Funktion in Zukunft unterstützen zu wollen. So wird sich erst mit der Zeit erweisen, ob sich die Dynamische Beleuchtung durch Windows selbst durchsetzen kann.

Mit Passkeys überall sicher anmelden

Mit der aktuellen Version ermöglicht Windows den Anwendern nun auch das Verwenden von Passkeys. Die Idee dahinter ist, dass man sich nicht mehr für jedes Online-Angebot ein eigenes Kennwort merken und immer wieder eingeben muss. Stattdessen erledigt Windows die Anmeldung.

Dabei kommt jeweils die Methode zur Anwendung, mit der Sie sich auch bei Windows selbst anmelden, also beispielsweise Passwort, PIN, Fingerabdruck oder Gesichtserkennung. Wann immer Sie sich bei einem Online-Anbieter per Passkey anmelden möchten, zeigt Windows einen Dialog an, in dem Sie sich erneut Windows gegenüber mit dem gewohnten Verfahren ausweisen. Dann erledigt Windows die Anmeldung beim Online-Dienst und schon können Sie loslegen.

Der Vorteil dieser Methode ist, dass Sie sich im Prinzip nur Kennwort, PIN oder Muster Ihrer Windows-Anmeldung zu merken brauchen, um sich auch bei anderen Diensten anmelden zu können. Noch komfortabler wird es, wenn Sie Fingerabdruck oder Gesichtserkennung nutzen. Dann brauchen Sie sozusagen nur einmal kurz in die Kamera zu schauen, um sich jederzeit anmelden zu können.

Einschränkend soll gleich dazu gesagt werden, dass dies nur bei Online-Anbietern funktioniert, die Passkeys unterstützen. Das ist bislang nur eine überschaubare Anzahl, aber es sind einige wichtige

Anbieter wie Google, Amazon, eBay oder PayPal und selbstverständlich Microsoft selbst dabei.

Passkey einrichten

Bei jedem Anbieter, wo Sie sich per Passkey anmelden möchten, müssen Sie dies einmalig einrichten. Die genaue Vorgehensweise ist jeweils etwas anders. Aber grundsätzlich sollten Sie die passenden Einstellungen bei den Sicherheitsoptionen finden, wo Sie beispielsweise auf Ihr Passwort ändern oder eine 2-Faktor-Authentifizierung einrichten könnte. Im Folgenden zeige ich die Vorgehensweise am Beispiel eines Google-Kontos.

1. Melden Sie sich zunächst wie gewohnt bei Ihrem Google-Konto an. Eine Schaltfläche dafür finden Sie praktisch auf jeder Google-Webseite oben rechts. Sollte eine 2FA-Anmeldung eingerichtet sein, bestätigen Sie den zweiten Faktor beispielsweise auf Ihrem Smartphone.

2. Klicken Sie nach erfolgreicher Anmeldung oben rechts auf Ihr Konto-Symbol und wählen Sie in dem so eingeblendeten Dialog *Google-Konto verwalten*.

3. Öffnen Sie in den Kontoeinstellungen den Bereich *Sicherheit*.

4. Lokalisieren Sie hier rechts den Abschnitt *So melden Sie sich in Google an* und klicken Sie darin auf den Eintrag *Passkeys*.

5. Sofern auf dem PC noch kein Passkey für dieses Konto verwendet wird, bietet Google nun an, einen Passkey auf diesem Gerät zu erstellen. Klicken Sie dazu auf *Passkey erstellen*.

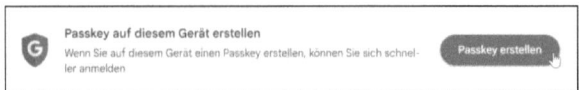

6. Daraufhin wird ein Dialog der Windows-Sicherheit angezeigt. Dieser bittet Sie, sich zu authentifizieren, wie Sie dies bei der Windows-Anmeldung auch tun würden. Tippen Sie also Kennwort oder PIN ein bzw. verwenden Sie Fingerabdruck oder Gesichtserkennung.

7. Damit ist der Passkey für Ihr Google-Konto auch schon eingerichtet.

Diesen Vorgang müssen Sie für jedes Konto bei jedem Anbieter einmalig durchlaufen.

Per Passkey anmelden

Haben Sie bei einem Online-Dienst einen Passkey für Ihren PC eingerichtet, laufen zukünftige Anmeldungen schnell und komfortabel ab (wiederum am Beispiel Google-Konto):

1. Öffnen Sie eine beliebige Google-Webseite.

2. Wenn Sie bei Ihrem Google-Konto nicht angemeldet sind, finden Sie oben rechts eine *Anmelde*-Schaltfläche anstellen Ihres Konto-Symbols.

3. Wählen Sie im anschließenden Dialog das zu verwendende Google-Konto aus und klicken Sie dann auf *Weiter*.

4. Windows zeigt Ihnen nun einen Dialog an, in dem Sie Ihre festgelegte Windows-Anmeldemethode ausführen, also etwas Passwort oder PIN eintippen, Finger auf den Sensor legen o. ä.

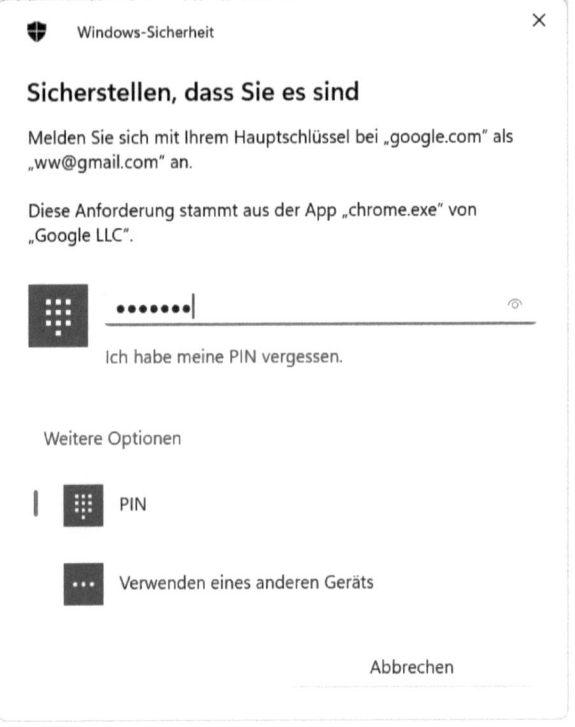

5. Haben Sie das erfolgreich durchgeführt, meldet Windows Sie per Passkey beim Online-Dienst an und Sie können diesen nutzen.

In den Windows-Einstellungen im Bereich *Konten* finden Sie im Abschnitt *Kontoeinstellungen* ganz unten den Punkt *Hauptschlüsseleinstellungen*. Diese Bezeichnung ist leider etwas irritierend, denn dahinter verbergen sich eben die auf dem PC eingerichteten Passkeys. Wenn Sie den Punkt anklicken, erhalten Sie eine Liste und können einzelnen davon bei Bedarf auch wieder entfernen.

Neue Funktionen für Paint

Mit Paint ist ein Klassiker der mit Windows gelieferten Programme weiterhin dabei und lernt sogar mal wieder neue Kunststücke. Eine davon ist für jedermann praktisch und einfach nutzbar. Die andere richtet sich eher an erfahrene Bildbearbeiter und wertet das Programm für diese erheblich auf.

Motive per Mausklick freistellen

Wenn man bei Bildern von Freistellen spricht, meint man damit, den Hintergrund eines Motivs zu entfernen, so dass nur noch die Person oder das Objekt selbst zu sehen sind. Will man das von Hand machen, ist es sehr mühsam und das Ergebnis oft nicht wirklich ansehnlich. Eine Hilfsfunktion kann deshalb wertvolle Dienste leisten, wenn sie automatisch unterscheiden kann, was zum Hintergrund gehört und was das wesentliche Motiv eines Bildes ist.

1. Öffnen, Sie das Bild, dessen Motiv Sie freistellen möchten, in Paint.

2. Klicken Sie dann in der Symbolleiste im Bereich Bild auf das Symbol *Hintergrund entfernen*.

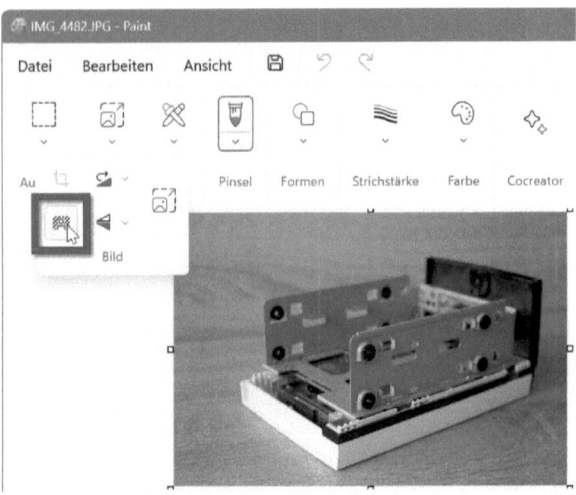

3. Die App werkelt nun kurz vor sich hin und versucht, Vordergrundmotiv und Hintergrund zu erkennen und voneinander zu trennen. Alles, was als Hintergrund erkannt wurde, wird entfernt und durch einen transparenten Hintergrund ersetzt.

4. Das Ergebnis können Sie nach wenigen Sekunden auf Ihrem Bildschirm betrachten.

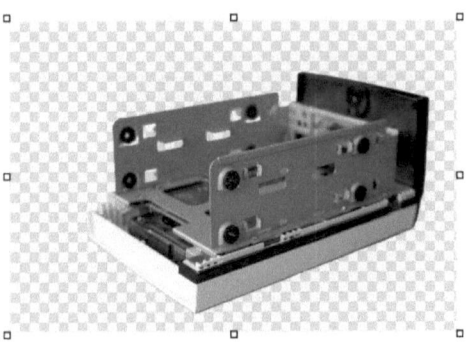

Das so freigestellte Bild können Sie beliebig weiterverarbeiten. Dazu folgende Hinweise:

▷ Wenn Sie das Bild direkt speichern, wird das Originalbild (also das mit Hintergrund) dadurch überschrieben. Wenn Sie das nicht möchten, verwenden Sie stattdessen *Speichern unter*.

▷ Der transparente Hintergrund bleibt nur erhalten, wenn Sie das Bild in einem Format speichern, das Transparenz beherrscht, wie beispielsweise PNG. Bei anderen Formaten wie JPG oder BMP wird der transparente Hintergrund durch eine weiße Fläche ersetzt.

▷ Falls Sie mit dem Ergebnis nicht zufrieden sind, können Sie es mit der *Rückgängig*-Schaltfläche ganz oben in der Menüleiste jederzeit schnell zurücknehmen und den Hintergrund wieder herstellen.

Die Grenzen beim automatischen Freistellen

Wie gut das automatische Freistellen funktioniert, hängt ganz vom Bild ab. Wenn der Hintergrund recht einheitlich ist und das Objekt sich deutlich davon abhebt, erzielt Paint sehr gute Ergebnisse. Ist das Bild insgesamt lebhafter, tut das Programm sich mit dem Erkennen und Zuordnen der Bildteile wesentlich schwerer. Leider gibt es keinerlei Möglichkeiten, in das Geschehen einzugreifen, indem man beispielsweise das gewünschte Objekt vorher markiert. Vielleicht bessern die Entwickler da noch nach. Einstweilen können Sie die Funktion nur unterstützen, indem Sie vorher möglichst viele

Bildteile manuell entfernen. Das geht, indem Sie mit der Rechteck-Auswahl markieren und dann **[Entfernen]** drücken. Das hilft beispielsweise auch, wenn ein Bild zwei Personen zeigt, von denen Sie eine freistellen möchten. Entfernen Sie die andere, bevor Sie die *Hintergrund entfernen*-Funktion anwenden.

Mit Ebenen und Transparenz arbeiten

Ebenen ermöglichen es, Elemente zu Bildern hinzuzufügen, ohne das Bild selbst zu verändern. Wenn man beispielsweise ein Bild mit einem Schriftzug versieht, das würden die Buchstaben klassischerweise an ihren jeweiligen Positionen die darunterliegenden Punkte des Bildes ersetzen. Das Bild wäre also nachhaltig verändert und könnte nur noch zusammen mit dem eingefügten Schriftzug gezeigt werden.

Ebenen erlauben es, sozusagen eine virtuelle Folie auf das Bild zu legen und auf dieser Folie zu schreiben, zu zeichnen oder andere Bildelemente einzufügen. Unter der Folie bleibt das Originalbild dabei unverändert. Das hat den Vorteil, dass man die Folie später jederzeit wieder entfernen oder den Inhalt der Folie verändern kann. Da das darunterliegende Bild nicht verändert wurde, kann es wieder und wieder bearbeitet und ergänzt werden. Man spricht deshalb auch von zerstörungsfreier Bildbearbeitung, weil die vorhandenen Bildinformationen niemals entfernt, sondern immer nur ergänzt und so verändert werden.

Mit Ebenen halten diese Möglichkeiten nun auch in Paint Einzug und erlauben es, Bilder zerstörungsfrei zu bearbeiten. Hierzu können Sie jederzeit Ebenen hinzufügen, die Reihenfolge der Ebenen anpassen oder auch mehrere Ebenen zu einer zusammenfassen.

1. Wenn Sie mit Ebenen arbeiten möchten, sollten Sie immer zuerst denen Ebenen-Bereich am rechten Rand einblenden. Klicken Sie dazu in der Symbolleiste auf das *Ebenen*-Symbol.

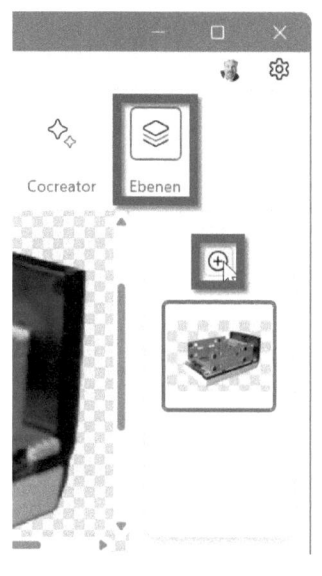

2. Der Ebenen-Bereich wird üblicherweise zunächst immer nur eine Ebene mit dem eigentlichen Bild anzeigen.

3. Um eine weitere Ebene hinzuzufügen, klicken Sie im Ebenen-Bereich oben auf das +-Symbol.

Neue Ebenen bestehen zunächst aus einer leeren, transparenten Fläche und werden jeweils oberhalb der aktuell gewählten Ebene eingefügt. Welche Ebene gerade gewählt ist, sehen Sie an der Umrandung im Ebenen-Bereich. Sie können die Reihenfolge der

Ebenen jederzeit durch Ziehen mit der Maus oder mit Hilfe des Kontextmenüs verändern.

Ebenen können nicht gespeichert werden!
Paint kann während einer Arbeitssitzung beliebig Ebenen anlegen, kombinieren und verändern. Aber die Ebenen werden nicht mit dem Bild gespeichert. Wann immer sie das Bild speichern, werden die in diesem Moment vorhandenen Ebenen zu einer zusammengefügt. Wenn Sie dieses Bild später erneut in Paint öffnen, wird es nur eine Ebene haben und es besteht keine Möglichkeit, die zuvor erstellten Ebenen wieder herzustellen.

Wenn Sie mit Ebenen arbeiten, sollten Sie auch das Kontextmenü beachten, das Sie mit einem Rechtsklick auf eine der Ebenen im Ebenen-Bereich öffnen können:

▷ *Eben ausblenden*: Der Inhalt der Ebene wird vorübergehen nicht angezeigt, bleibt aber vollständig erhalten und kann später wieder eingeblendet werden. Das kann das Bearbeiten komplexer Bildkompositionen erleichtern.

▷ *Doppelte Ebene*: Hiermit können Sie jederzeit schnell ein Duplikat einer Ebene erstellen. Sie erhalten dann eine weitere Ebenen mit exakt demselben Inhalt.

▷ *Zusammenführen nach unten*: Verbindet jeweils die gewählte Ebene mit der darunterliegenden zu einer gemeinsamen Ebene. Vorsicht: Bei diesem

Schritt werden Bildinformationen dauerhaft verändert, da sich zusammengeführte Ebenen nicht wieder zerlegen lassen.

▷ *Nach oben/unten verschieben*: Verschiebt die gewählte Ebene jeweils eine Schicht nach oben bzw. unten.

▷ *Ebene löschen*: Entfernt eine Ebene mitsamt Inhalt, wobei die in der Ebene enthaltenen Bildinformationen verloren gehen.

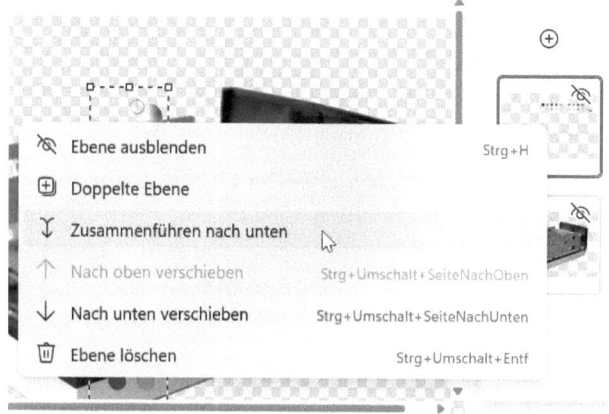

Das Arbeiten mit Ebenen bietet vielfältige Möglichkeiten. Gerade deshalb kann es für Neueinsteiger aber auch etwas verwirrend sein. Deshalb hier einige Hinweise und Tipps zum Ausprobieren:

▷ **Änderungen an Bildern ausprobieren**: Wenn Sie an einem Bild etwas herumexperimentieren möchten, erstellen Sie mit *Doppelte Ebene* (im Kontextmenü) zunächst ein Duplikat des Bildes.

Damit können Sie sich nach Herzenslust austoben. Wenn es schiefgeht, löschen Sie die obere Ebene wieder und das Originalbild kommt in der Ebene darunter wieder zum Vorschein. Sind sie mit Ihren Änderungen hingegen zufrieden, speichern Sie das Bild, so dass die obere Bildebene zum neuen Bildinhalt wird.

▶ **Original teilweise durchscheinen lassen:** Ergänzend zum vorhergehenden können Sie diese Technik auch nur teilweise anwenden. Wenn in der oberen Ebene etwas schiefgegangen ist, markieren und entfernen Sie nur diesen Teil. Dann wird in diesem Bereich wieder das darunterliegende Originalbild sichtbar.

▶ **Hintergrund für freigestellte Objekte**: Fügen Sie bei einem freigestellten Objekt eine neue Ebene hinzu, verschieben Sie diese dann im Ebenen-Bereich ganz nach unten und verwenden Sie das Füllen-Werkzeug, um sie mit einer Farbe Ihrer Wahl zu versehen.

▶ **Collagen erstellen**: Um mehrere Bilder kreativ zu einem zusammenzufügen, legen Sie für jedes Elemente eine neue Ebene an und fügen das Elemente dann in diese Ebene ein. So können Sie jedes einzelne Element beliebig verschieben, vergrößern, drehen usw., bis die Gesamtkomposition Ihren Vorstellungen entspricht.

Fotos-App: Hintergrund weichzeichnen

Ähnliche wie Paint hat auch die Fotos-App gelernt, Vorder- und Hintergrund in Bildern – soweit möglich – zu unterscheiden. Auch in dieser App können Sie nun also Objekt freistellen. Aber Fotos kann noch mehr. So lässt sich der Hintergrund weichzeichnen, um einen Tiefenunschärfe-Effekt herzustellen. Ebenso können Sie den Hintergrund stattdessen entfernen und durch eine bestimmte Farbe ersetzen.

1. Öffnen Sie das Bild in der *Windows-Fotoanzeige*. Wenn diese als Standard-Bildbetrachter festgelegt ist, reicht dafür ein Doppelklick.

2. Klicken Sie dann in der Symbolleiste oben auf das *Bild Bearbeiten*-Symbol.

3. Nach dem Wechsel in den Bearbeiten-Modus wählen Sie oben in der Symbolleiste das Register *Hintergrund*.

4. Die App versucht daraufhin automatisch, den Hintergrund des Bildes zu erkennen und vom Vordergrund zu trennen, was einige Sekunden dauern kann.

5. Dann wird der erkannte Hintergrund mit schräg durchlaufenden Streifen markiert. Hier sollten Sie nun kontrollieren und ggf. manuell nachbessern. Aktivieren Sie dazu rechts das *Hintergrundpinseltool,* mit dem Sie per Maus Bildbereich zum Hintergrund *Hinzufügen* oder davon *Subtrahieren* können.

6. Sind Sie mit dem Ergebnis soweit zufrieden, können Sie rechts auswählen, welchen Hintergrundeffekt Sie anwenden möchten:

▷ *Unschärfe*: Der Hintergrund wird weichgezeichnet. Die Intensität des Weichzeichners können Sie mit dem gleichnamigen Schieber nachregeln. Häufig wirkt der Effekt besser, wenn er dezent eingesetzt wird.

▷ *Entfernen*: Der Hintergrund wird vollständig entfernt und durch eine transparente Fläche ersetzt.

▷ *Ersetzen*: Der Hintergrund wird ebenfalls vollständig entfernt. Allerdings können Sie eine Farbe auswählen, mit der der Bildhintergrund stattdessen eingefärbt wird.

7. Die verschiedenen Effekte werden jeweils direkt als Vorschau angezeigt, so dass Sie bedenkenlos ausprobieren können. Sollten Ihnen an dieser Stelle noch Fehler bei der Hintergrunderkennung auffallen, können Sie auch hier das Hintergrundpinseltool aktivieren und von Hand nachbessern.

8. Sind Sie mit dem Ergebnis zufrieden, klicken Sie rechts unten auf die *Anwenden*-Schaltfläche. Erst dann wird der Effekt dauerhaft übernommen. Mit *Hintergrund zurücksetzen* machen Sie hingegen alle Änderungen am Bild rückgängig.

Texterkennung mit dem Snipping Tool

Das schon vor einiger Zeit eingeführte Snipping Tool zum Erstellen von Bildschirmfotos kann nun bei Bedarf Texte aus einem kopierten Teil des Bildschirms erkennen und extrahieren. So können Sie Texte von Webseiten aus Bildern oder sogar aus (pausierten) Videos übernehmen und sich womöglich jede Menge Abtipparbeit sparen.

1. Wenn der gewünschte Text irgendwo auf Ihrem Bildschirm angezeigt wird, drücken Sie die Tastenkombination **[Umschalt]+[Win]+[S]**, um das Snipping Tool zu aktivieren.

2. Wählen Sie dann im Dialog am oberen Bildschirmrand  den gewünschten Auswahlmodus. Für Text dürfte sich in der Regel *Rechteckiger Modus* zum Auswählen des entsprechenden Bildschirmbereichs eignen. Prinzipiell funktioniert es aber auch mit jedem anderen Modus.

3. Im Rechteckigen Modus markieren Sie den Bereich des Textes auf Ihrem Bildschirm. Beginnen Sie beispielsweise mit der linken oberen Ecke. Dort drücken Sie die linke Maustaste und halten diese gedrückt. Ziehen Sie den Mauszeiger dann über den Text zum rechten unteren Ecke des auszuwählenden Bereichs. Wenn die Auswahl den gesamten zu kopierenden Text umfasst, lassen Sie die Maustaste los.

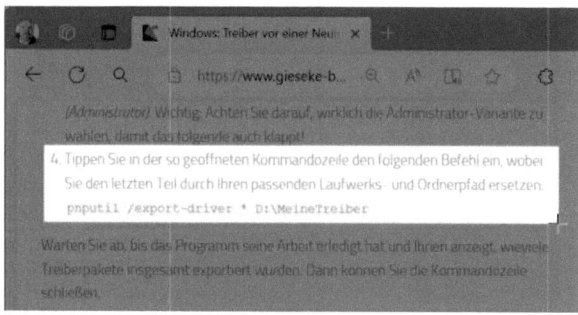

4. Das Snipping Tool zeigt nun einige Sekunden lang eine Benachrichtigung auf dem Bildschirm an. Klicken Sie darin auf die erstellte Bildschirmkopie. Sollten Sie es nicht schaffen, bevor der Dialog automatisch ausgeblendet wird, öffnen Sie die Windows-Benachrichtigungsleiste am rechten Bildschirmrand, wo Sie die Benachrichtigung wiederfinden.

5. Der kopierte Bereich des Bildschirms wird nun im Bearbeitungsmodus des Snipping Tools angezeigt. Klicken Sie in der Symbolleiste auf das Symbol für *Textaktionen*.

6. Das Programm hebt daraufhin den erkannten Text hervor. Sie können nun die benötigten Teile wie gewohnt markieren und in die Zwischenablage übernehmen, um sie in eine Anwendung Ihrer Wahl zu übernehmen. Alternativ verwenden Sie oben *Gesamten Text kopieren* (oder **[Strg]+[A]**), um den ganzen erkannten Text auszuwählen und in die Zwischenablage zu kopieren.

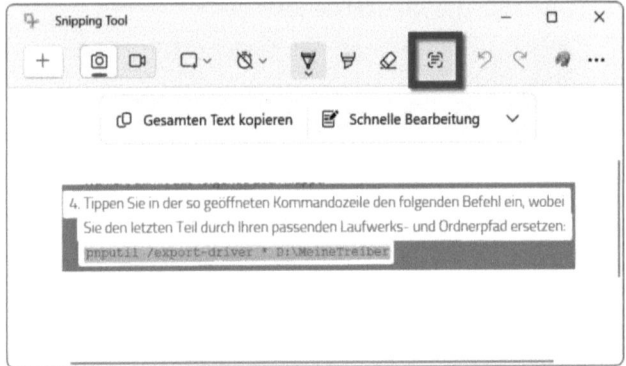

Vertrauliche Texte schützen

Wenn wie vorangehend beschrieben kopierte Texte persönliche Angaben oder andere Informationen enthalten, die nicht mit kopiert werden sollen, bietet das Snipping Tool eine praktische Hilfe:

1. Markieren Sie solche Textbereiche mit der Maus.

2. Klicken Sie dann mit der rechten Maustaste auf diese Auswahl und wählen Sie im Kontextmenü *Text bearbeiten*.

3. Das Snipping Tool versieht den Bereich dann mit einem „schwarzen Balken", der den Inhalt unkenntlich macht.

4. Wenn Sie den gesamten Text nun kopieren, wird für solche Bereiche eine *[BEARBEITET]*-Markierung anstelle des ursprünglichen Inhalts angezeigt.

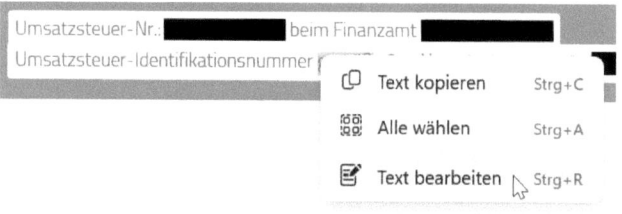

Notepad-Editor speichert Sitzungen

Nachdem Microsoft den mit Windows ausgelieferten Editor Notepad viele Jahre lang recht stiefmütterlich behandelt und praktisch kaum weiterentwickelt hat, lassen die Entwickler ihm in letzter Zeit endlich etwas Liebe angedeihen. So lernte er etwa mehrere Dateien gleichzeitig mittels Registern zu bearbeiten. Die jüngste Neuerung ist unscheinbar, aber in der praktischen Arbeit nicht weniger hilfreich:

Der Notepad-Editor speichert nun automatisch seinen Status zwischen Arbeitssitzungen. Er „merkt" sich dabei nicht nur, welche Dateien Sie in welchen Registern geöffnete hatten und stellt diese beim nächsten Mal automatisch wieder her. Auch die vorgenommenen Änderungen werden automatisch vermerkt. In der Praxis bedeutet das:

▶ Sie werden beim Schließen mit ungesicherten Änderungen nicht mehr gefragt, ob Sie die Dateien speichern möchten.

▶ Wenn Sie den Editor öffnen, finden Sie ihn immer genauso vor wie beim letzten Schließen.

▶ Wenn Sie Windows herunterfahren, ohne den Editor zuvor geschlossen zu haben, gehen Ihre Bearbeitungen nicht verloren, sondern sind beim nächsten Start weiterhin vorhanden.

▶ In Verbindung mit Registern können Sie bestimmte wichtige Dateien etwa mit Notizen praktisch dauerhaft griffbereit halten. Wann immer Sie den Editor öffnen, finden Sie diese Inhalte vor.

Kein automatisches Speichern!
Eine kleine mögliche Falle an der Sache soll aber nicht verschwiegen werden: Das Ganze ist keine Funktion zum automatischen Speichern von Inhalten. Wenn Sie Änderungen an einer Datei vornehmen und den Editor dann ohne zu speichern beenden, bleiben Ihre Bearbeitungen zwar im Editor gespeichert, nicht aber in der Datei. Um Änderungen auch in der Datei vorzunehmen, müssen Sie diese also ausdrücklich speichern. Da der Editor beim Beenden nun nicht mehr ausdrücklich auf nicht-gespeicherte

Änderungen hinweist, ist es wichtig, dieses Detail im Auge zu behalten.

Falls Sie befürchten, in die Speicherfalle zu tappen, oder Ihnen das alte Verhalten des Editors Ihnen mehr zusagte, können Sie die neue Funktion deaktivieren:

1. Klicken Sie im Editor-Fenster oben rechts auf das Zahnrad-Symbol, um die Einstellungen zu öffnen.

2. Klappen Sie dort die Option *Wenn Editor gestartet wird* aus.

3. Wählen Sie dafür *Neues Fenster öffnen*, um das alte Verhalten wieder herzustellen.

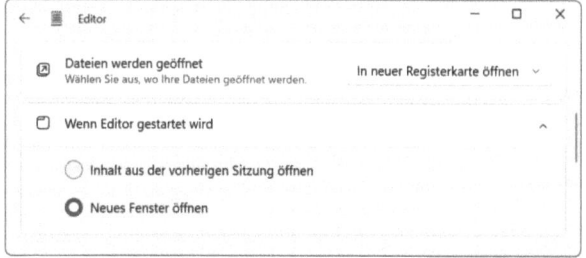

Mit dieser Einstellung schließt der Editor beim Beenden jeweils alle offenen Register und fragt weist ggf. daraufhin, wenn Änderungen darin noch nicht in der entsprechenden Datei gespeichert sind.

Moderne Einstellungen im Task-Manager

Nachdem der Task-Manager zuletzt funktional verbessert wurde, sind die Änderungen diesmal eher kosmetischer Art. Die Einstellungen, die sich hinter dem Zahnrad ganz unten links verbergen, wurden modernisiert und entsprechen in Design und Funktion nun dem von den Windows-Einstellungen gewohnten Standard. Im Rahmen dieser Auffrischung wurden auch einige der Optionen und Dialog minimal angepasst. Grundlegende funktionale Änderungen gibt es aber nicht.

Virtuelle Festplatte erstellen & einbinden

Wer sich schon mal mit Virtualisierung beschäftigt hat, dem wird der Begriff einer virtuellen Festplatte vielleicht vertraut sein. Dabei handelt es sich um eine Festplatte, die nicht als physikalisch vorhandenes Laufwerk im PC existiert, sondern als Datenstruktur in einer Datei gespeichert ist. Windows sorgt aber dafür, dass diese Datei für den PC wie ein herkömmliches Laufwerk wirkt, dass mit einem eigenen Laufwerksbuchstaben registriert ist, auf dem beliebig Ordner und Datei angelegt werden können usw. Das hat verschiedene Vorteile wie beispielsweise:

▶ Virtuelle Festplatten können zwischen PCs ausgetauscht werden, indem man die Datei von einem PC zum anderen überträgt.

▶ Sie können einfach gesichert und versioniert werden, in dem man Kopien der Datei erstellt. Damit sichert man automatisch auch jeweils den gesamten Inhalt der virtuellen Festplatte.

▶ Wird ein virtuelles Laufwerk nicht mehr benötigt, kann man es schnell und rückstandslos entfernen, indem man die Datei löscht.

Da virtuelle Festplatten ein grundlegender Bestandteil virtueller Systeme sind, kann Windows schon länger mit ihnen umgehen, beispielsweise im Rahmen von Hyper-V. Neu ist, dass man nun direkt in den Windows-Einstellungen virtuelle Laufwerke erstellen bzw. vorhandene Dateien im VHD- oder VHDX-Format als virtuelles Laufwerk einbinden kann.

1. Um ein virtuelles Laufwerk neu zu erstellen, öffnen Sie in den Windows-Einstellungen den Bereich *System/Speicher* und klappen dort den Abschnitt *Erweiterte Speichereinstellungen* aus.

2. Klicken Sie darin auf *Datenträger und Volumes*.

3. Hier finden Sie nun ganz oben den Abschnitt *Erstellen einer virtuellen Festplatte (VHD)*, wo Sie

auf rechts die Schaltfläche *Virtuelle Festplatte erstellen* klicken.

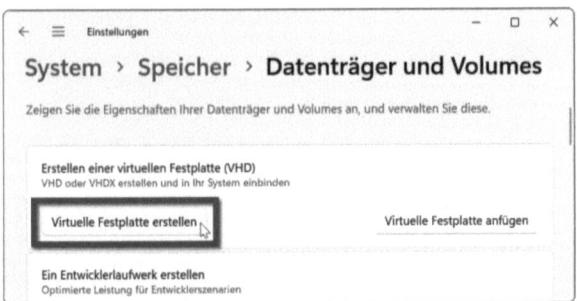

4. Im anschließenden Dialog können Sie die Eigenschaften der zu erstellenden virtuellen Festplatte bestimmen:

▶ Den *Name der virtuellen Festplatte* können Sie beliebig wählen. Da er als Dateiname der VHD(X)-Datei verwendet wird, sollte er aber nicht zu kompliziert ausfallen.

▶ Der *Speicherort* legt den Ordner fest, in dem die VHD(X)-Datei erstellt wird.

▶ Ein wichtiger Faktor ist die Größe der virtuellen Festplatte. Wählen Sie rechts die Größenordnung aus und tippen Sie dann links den gewünschten Wert ein.

▶ Beim Format der virtuellen Festplatte können Sie zwischen VHD und VHDX wählen. Das ältere VHD eignet sich nur bis zu einer Größe von 2 TB, was aber für viele Anwendungszwecke völlig ausreicht. VHDX unterstützt bis zu 64 TB und ist robuster gegen Datenfehler (beispielsweise infolge von Stromausfällen). Allerdings kann es nur innerhalb von Windows-Systemen genutzt werden, während VHD auch von Anbietern wie Oracle (VirtualBox) oder Citrix unterstützt wird.

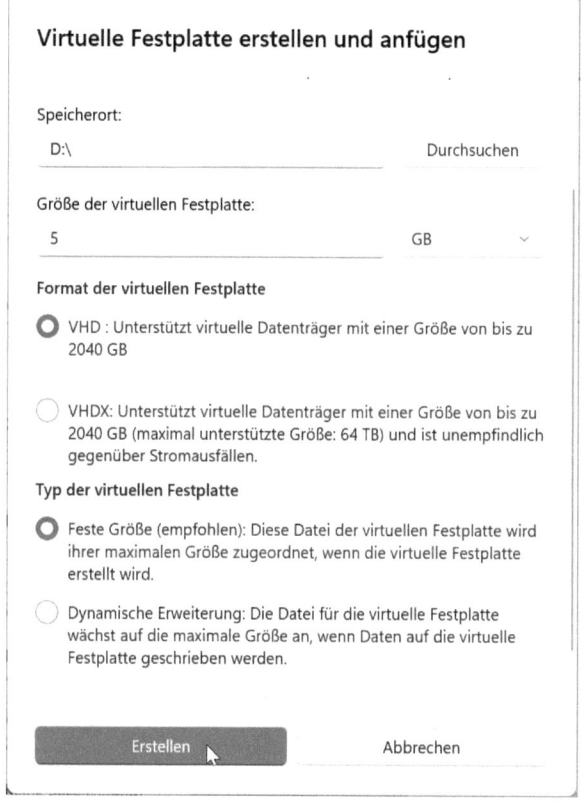

Abhängig vom Format kann man darunter den *Typ der virtuellen Festplatte* bestimmen. Prinzipiell lassen sich bei Formate mit beiden Typen kombinieren. Es empfiehlt sich allerdings, bei

VHD auf eine *Feste Größe* zu setzen. Dabei wird die gesamte Größe der Festplatte direkt der erstellten Datei zugeordnet. So sind spätere Zugriffe schneller und sicherer.

▶ Das robustere VHDX hingegen verträgt auch die *Dynamische Erweiterung* gut, bei der die Datei für die virtuelle Festplatte erst bei Bedarf nach und nach wächst, bis sie ihre maximale Größe erreicht. Hier wird also immer nur so viel Speicherplatz beansprucht, wie das virtuelle Laufwerk tatsächlich benötigt.

5. Haben Sie alles nach Wunsch eingestellt, klicken Sie unten auf *Erstellen*.

6. Warten Sie dann kurz ab, bis der Schritt *Datenträger initialisieren* angezeigt wird. Hier können Sie den Partitionsstil wählen, wobei das neuere GPT fast immer die bessere Wahl ist. Nur wenn Sie wissen, dass Sie die virtuelle Festplatte

in einem System nutzen möchten, das GPT nicht unterstützt. Im Windows-Bereich war allerdings Windows XP 32Bit die letzte Version, die GPT-Laufwerke nicht lesen konnte.

7. Wählen Sie schließlich die *Bezeichnung,* unter der das virtuelle Laufwerk im Datei Explorer angezeigt werden soll. Falls Sie mehrere virtuelle Festplatten im Einsatz haben, empfiehlt sich eine ähnliche Bezeichnung wie der Dateiname, um den Überblick nicht zu verlieren.

Neues Volume

Bezeichnung

Transfer

Laufwerkbuchstabe

E ⌄

Dateisystem

NTFS ⌄

Größe (MB)

5.103

Max: 5.103 MB
Min: 8 MB

Erweitert ⌄

Format   Abbrechen

8. Als *Laufwerkbuchstabe* schlägt Windows den ersten freien vor, aber Sie können auch einen anderen verwenden.

9. Bei *Dateisystem* empfiehlt sich für die meisten Einsatzzwecke NTFS.

10. Die *Größe* wird standardmäßig auf die maximale Größe der VHD(X)-Datei festgelegt. Prinzipiell können Sie aber auch einen kleineren Wert wählen.

11. Klicken Sie anschließend auf *Format*, um das neue virtuelle Laufwerk zu formatieren und ins Dateisystem einzubinden.

Anschließend finden Sie das neue virtuelle Laufwerk beispielsweise im Datei Explorer vor. Aber auch an anderen Stellen wie beispielsweise Öffnen- und Speicher unter-Dialogen können Sie diese Festplatte nun als Ziel anwählen. Innerhalb des Laufwerks können Sie beliebig Ordner erstellen, Dateien speichern, bearbeiten, löschen usw. Die Datei mit dem Inhalt der erstellten virtuellen Datei finden Sie am zuvor festgelegten Speicherort. Aber Vorsicht: Wenn Sie diese Datei löschen, ist auch der gesamte Inhalt verloren!

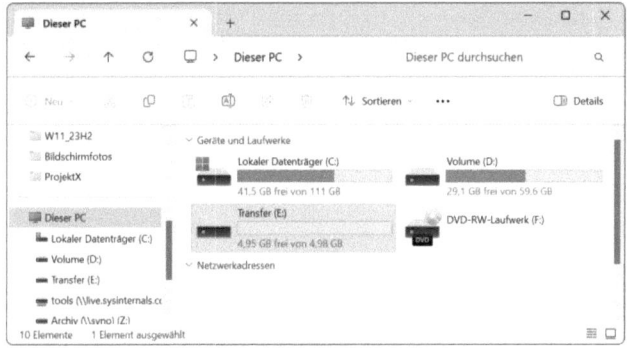

Virtuelle Laufwerke entfernen

Ein erstelltes Laufwerk muss nicht unbedingt ausdrücklich wieder aus dem Dateisystem entfernt werden. Spätestens wenn Sie Ihr Windows herunterfahren, erledigt das System diese Aufgabe automatisch für Sie. Falls Sie aber die VHD(X)-Datei im laufenden Betrieb beispielsweise sichern oder auf eine externes Speichermedium kopieren möchten, sollten Sie das virtuelle Laufwerk zuvor aus dem Dateisystem entfernen. So wird sichergestellt, dass alle Schreiboperationen abgeschlossen sind und der Inhalt des Laufwerks vollständig und intakt gesichert werden kann.

1. Lassen Sie im Datei Explorer beispielsweise *Dieser PC* anzeigen. Dann werden rechts auch alle derzeit aktiven virtuellen Laufwerke aufgeführt.

2. Klicken Sie mit der rechten Maustaste auf den Eintrag des virtuellen Laufwerks, um dessen Kontextmenü zu öffnen.

3. Wählen Sie darin den Befehl *Auswerfen*.

Dieser Befehl wird ohne Rückfrage sofort ausgeführt. Allerdings brauchen Sie sich auch keine Sorge zu machen, auf diese Weise ein „falsches" Laufwerk zu erwischen. Die Funktion wird nur im Kontextmenü von entfernbaren Laufwerken angeboten, also eben virtuellen oder auch externen USB-Medien. Bei Laufwerken auf fest eingebauten Festplatten bietet Windows diese Möglichkeit üblicherweise gar nicht an.

Virtuelle Laufwerke einbinden

Wann immer Sie Windows beenden, werden zu diesem Zeitpunkt vorhandene virtuelle Laufwerke automatisch geschlossen. Wollen Sie zu einem späteren Zeitpunkt erneut darauf zugreifen, müssen Sie die dazugehörende VHD(X)-Datei wieder als Laufwerk ins Dateisystem „einhängen". Gleiches gilt, wenn Sie eine solche Datei beispielsweise von einem anderen PC übernommen haben.

1. Öffnen Sie wie vorangehend beschrieben die Einstellungen unter *System/Speicher/Erweiterte Speichereinstellungen/Datenträger und Volumes*.

2. Klicken Sie dort oben auf *Virtuelle Festplatte anfügen*.

3. Verwenden Sie im anschließenden Dialog Durchsuchen, um die VHD- bzw. VHDX-Datei an ihrem *Speicherort* zu lokalisieren.

4. Klicken Sie dann auf *Anfügen*, um aus der gewählten Datei ein virtuelles Laufwerk in Ihrem Dateisystem zu machen, auf das Sie dann wieder wie gewohnt zugreifen können.

VHD anfügen

Geben Sie den Pfad der virtuellen Festplatte auf dem Computer an.

Speicherort:

D:\Transfer.vhd| Durchsuchen

Anfügen   Abbrechen

Anschließen finden Sie das Laufwerk wieder wie gewohnt beispielsweise im Datei Explorer vor.

VHDX-Dateien schnell einbinden

Bei VHDX-Dateien brauchen Sie nicht den hier beschriebenen Weg über die Windows Einstellungen zu gehen. Der Datei Explorer kann solche Dateien direkt als virtuelles Laufwerk einbinden. Klicken Sie hierzu mit der rechten Maustaste auf das Dateisymbol und wählen Sie im Kontextmenü den Befehl *Bereitstellen*.

Verbesserter Passwortschutz

Mit dem letzten Herbstupdate erhielt Windows bereits eine Schutzfunktion für Kennwörter. Diese weist Sie automatisch daraufhin, wenn Sie vertrauliche Anmeldeinformationen bei fragwürdigen Websites oder in unsicheren Apps eingeben bzw. speichern. Wenn Sie sich mit einem Passwort bei Windows anmelden (mit einer PIN oder anderen Anmeldemethoden funktioniert es nicht), registriert Windows dies und überwacht im weiteren Verlauf Ihre Eingaben. Wenn Sie dasselbe Kennwort später an einer ungeeigneten Stelle erneut eintippen, zeigt Windows eine deutliche Warnung vor den Gefahren an.

Bislang überwachte diese Schutzfunktion also nur eingetippte Passwörter. Dies wurde nun sinnvollerweise auf Kopier- und Einfüge-Aktionen erweitert. Windows warnt Sie nun also auch, wenn Sie ein Kennwort über die Windows-Zwischenablage übermitteln.

Das Verhalten dieser Funktion können Sie in der Windows-Sicherheit steuern. Öffnen Sie dort den Bereich *App- und Browsersteuerung* und dann die Einstellungen für den *Zuverlässigkeitsbasierten Schutz*. Dort ist im Abschnitt *Phishingschutz* die Option *Mich vor unsicherer Kennwortspeicherung warnen* für diese Funktion zuständig.

Zum Schluss…

Wenn Sie Fragen haben, Feedback loswerden oder Ihre eigenen Erfahrungen teilen möchten, besuchen Sie mich im Internet unter **www.gieseke-buch.de**. Hier finden Sie auch weitere Informationen und Tipps zu diesem und anderen Themen meiner Bücher.

Eine Bitte in eigener Sache

Ich freue mich, wenn Sie Ihre positiven Eindrücke an andere interessierte Leser weitergeben, etwa durch **persönliche Empfehlungen**, **Rezensionen** auf einer der einschlägigen Plattformen oder auch durch Hinweise **in Foren oder sozialen Netzwerken**.

Dieser Titel ist ohne Marketing-Budget und Vertriebsstrukturen eines großen Verlages erschienen. Deshalb ist **Mund-zu-Mund-Propaganda** besonders wichtig. Wenn Sie also der Meinung sind, dass dieses Buch auch für andere Leser interessant und hilfreich sein könnte, dann **sagen Sie es bitte weiter**.

Vielen Dank.

Stichwortverzeichnis

Mehr

www.gieseke-buch.de

> mehr Bücher

> mehr Informationen

> Ergänzungen

> aktuelle Tipps

> direkter Kontakt